O Ensino Jurídico e a Formação do Bacharel em Direito

**DIRETRIZES POLÍTICO-PEDAGÓGICAS DO
CURSO DE DIREITO DA UNISINOS**

Reitor
Marcelo Fernandes de Aquino, S.J.

Vice-Reitor
Aloysio Bohnen, S.J.

Pró-Reitor Acadêmico
Pedro Gilberto Gomes, S.J.

Diretora da Unidade Acadêmica de Graduação
Paula Caleffi

Diretora da Unidade Acadêmica de Pesquisa e Pós-Graduação
Ione Maria Ghislene Bentz

Conselho Editorial
José Luis Bolzan de Morais
Lênio Luiz Streck
Leonel Severo Rocha
Ovídio Araújo Baptista da Silva
Vicente de Paulo Barretto

Coordenador Geral
Antonio Carlos Nedel

S237e   Santos, André Leonardo Copetti
      O ensino jurídico e a formação do bacharel em Direito: diretrizes político-pedagógicas do curso de Direito da UNISINOS / André Leonardo Copetti Santos, José Luis Bolzan de Morais. – Porto Alegre: Livraria do Advogado Editora, 2007.
      135 p.; 23 cm. – (Biblioteca básica do curso de Direito da UNISINOS; v.1)

   ISBN 85-7348-454-3

   1. Ensino jurídico. I. Morais, José Luis Bolzan de. II. Título.

CDU - 34:378.4

Índice para o catálogo sistemático:

Ensino jurídico

(Bibliotecária responsável: Marta Roberto, CRB-10/652)

BIBLIOTECA BÁSICA DO CURSO DE DIREITO DA UNISINOS
Vol. I

O Ensino Jurídico e a Formação do Bacharel em Direito

DIRETRIZES POLÍTICO-PEDAGÓGICAS DO CURSO DE DIREITO DA UNISINOS

André Leonardo Copetti Santos

José Luis Bolzan de Morais

Porto Alegre, 2007

©
André Leonardo Copetti Santos
José Luis Bolzan de Morais
2007

Capa, projeto gráfico e diagramação de
Livraria do Advogado Editora

Revisão
Betina Denardin Szabo

Direitos desta edição reservados por
Livraria do Advogado Editora Ltda.
Rua Riachuelo, 1338
90010-273 Porto Alegre RS
Fone/fax: 0800-51-7522
editora@livrariadoadvogado.com.br
www.doadvogado.com.br

Faculdade de Direito da
Universidade do Vale do Rio dos Sinos
Av. Unisinos, 950
93022-000 São Leopoldo RS
Fone/fax (51) 3590-8148
www.unisinos.br

Impresso no Brasil / Printed in Brazil

Sumário

Apresentação (Antonio Carlos Nedel) 7

1. Ensino do direito como condição de possibilidade para a concretização de um projeto de felicidade presente na Constituição Federal brasileira
(André Copetti e José Luis Bolzan de Morais) 9
   1.1. Felicidade e formação intelectual 10
   1.2. Felicidade e ensino jurídico 14
   1.3. Os projetos políticos de felicidade constitucionalizados e as origens da inclusão da educação nos textos constitucionais 18
   1.4. Constituição e educação. O conteúdo material da educação no cenário constitucional brasileiro pós-88 24
      1.4.1. Premissas Inaugurais 25
      1.4.2. A questão dos direitos humano 26
      1.4.3. Direitos Humanos e Constituição 29
      1.4.4. O constitucionalismo brasileiro pós-88 33
      1.4.5. A educação na Constituição de 1988 36
   1.5. Referências bibliográficas 39

2. O processo de elaboração do projeto e a Instituição da Biblioteca Básica da Escola de Direito da UNISINOS 43
   2.1. Os Projetos Político-Pedagógicos nos Cursos de Direito 43
   2.2. Síntese do processo de elaboração da nova proposta e sua constituição . . 44
      2.2.1. Diagnóstico resultante dos trabalhos de discussão sobre as condições de oferta do Curso de Direito 46
         2.2.1.1. O tempo excessivo de oferta regular do Curso 46
         2.2.1.2. O currículo 3 frente à exigência de interdisciplinaridade e integração entre as disciplinas: alguns indicativos para a revisão curricular (currículo 4) 48
      2.2.2. A relação entre teoria e prática nas disciplinas 51
      2.2.3. A relação entre graduação e pós-graduação 52
      2.2.4. O sistema de avaliação 52
   2.3. Diagnóstico resultante dos trabalhos de discussão sobre as condições de execução do novo Projeto Político-Pedagógico do Curso de Direito e a instituição da Biblioteca Básica 53

3. **Ensino jurídico, transdisciplinariedade e Estado Democrático de Direito. Possibilidades e perspectivas para o estabelecimento de um novo paradigma** ... 57
   3.1. Considerações preliminares ... 57
   3.2. Breve diagnóstico: o ensino jurídico no Brasil ... 59
   3.3. A tentativa de transformação do ensino jurídico. Da Portaria Ministerial nº 1.886/94 e a "novidade" da Resolução CNE/CES nº 09/04 ... 65
   3.4. O futuro do ensino jurídico em um contexto de permanente transformação ... 69
   3.5. A necessária revisão do ensino jurídico ... 71
   3.6. Circunstâncias histórico-institucionais ... 74
   3.7. O novo nas relações jurídicas ... 74
   3.8. Novos espaços/fórmulas institucionais ... 77
   3.9. O mundo: novo espaço de relações sociojurídicas ... 79
   3.10. Circunstâncias pedagógicas ... 81

Considerações finais ... 87

Referências bibliográficas ... 89

4. **O Projeto Político-Pedagógico em vigor** ... 91
5. **As diretrizes político-pedagógicas do atual projeto** ... 95
   5.1. Concepção do curso ... 95
   5.2. Finalidades ... 98
   5.3. Objetivos ... 100
      5.3.1. Geral ... 100
      5.3.2. Específicos ... 100
   5.4. Perfil do egresso do Curso de Direito ... 101
      5.4.1. Habilidades ... 102
   5.5. Estrutura curricular ... 104
      5.5.1. Pré-Requisitos ... 108
      5.5.2. Grade Curricular ... 109
   5.6. Estrutura curricular ... 110
   5.7. A flexibilização curricular e a integração e complementação entre ensino, pesquisa e extensão ... 111
      5.7.1. A pesquisa e as atividades complementares ... 111
      5.7.2. A prática jurídica ... 112
      5.7.3. O trabalho de conclusão ... 114
      5.7.4. As atividades de extensão ... 115
      5.7.5. Possibilidades de freqüência a disciplinas de outros cursos de graduação mantidos pela UNISINOS ... 115
      5.7.6. Possibilidades de estudo em outras Universidades ... 116
      5.7.7. Proficiência em língua portuguesa ... 116
   5.8. Acompanhamento pedagógico e sistema de avaliação do curso ... 118
   5.9. Seminários de engajamento ao projeto para o corpo docente ... 119
   5.10. Alternativas didático-pedagógicas a serem implementadas como instrumentos de efetivação da interdisciplinaridade ... 119

Anexo – Ementário das disciplinas ... 125

Apresentação

Esta obra que tenho a satisfação de apresentar à comunidade acadêmico-jurídica destina-se a ser o volume introdutório da Biblioteca Básica do Curso de Direito da UNISINOS.

A coleção que será construída com o labor científico do nosso corpo docente, deverá abranger as atividades acadêmicas inerentes à formação jurídica do nosso corpo discente; como síntese teórica dos princípios fundamentais da Escola Jurídica UNISINOS.

Pedra fundamental da Biblioteca Básica, este volume contém uma reflexão sobre o ensino jurídico e a formação do bacharel em direito; norteada pelas diretrizes que embasam o nosso projeto político-pedagógico, que aqui se explicita e dialético-criticamente se justifica.

Cumpre lembrar que a orientação epistemológica e metódico-pedagógica aqui defendida, construiu-se em sintonia com os princípios normativos propostos pelo Ministério da Educação para o ensino jurídico a ser ministrado pelos cursos de direito do país.

Concluo esta apresentação com a alegria do portador de uma boa nova por acreditar que a implementação prática do Projeto Político-Pedagógico do Curso de Direito da UNISINOS, que a coleção que este volume inaugura ajudará a efetivar, representará uma inestimável contribuição para o enriquecimento do ensino do direito em nossa Pátria.

Prof. Dr. Antonio Carlos Nedel
Coordenador Executivo
Curso de Direito da UNISINOS

1. Ensino do Direito como condição de possibilidade para a concretização de um projeto de felicidade presente na Constituição Federal brasileira

ANDRÉ COPETTI

JOSÉ LUIS BOLZAN DE MORAIS

> *Na reivindicação do caráter indeterminado das funções constitucionais, o saber jurídico aparece como um componente de máximo peso.*
> *Por certo, não estou falando do saber dominante que impregna o imaginário dos juristas. Estou pensando em um saber insatisfeito com as garantias e ficções do juridicismo. Penso em um saber apto para transformar-se em uma das idéias fortes da democracia. Um saber que exercita por ele mesmo funções constitucionais substantivas.*
> *Certamente, ao desaparecer a realidade ficcional que cobria com certezas as relações entre os homens, precisa-se de um novo saber jurídico – que possa revelar-se como uma nova matriz simbólica que permita o jogo aberto e indeterminado das decisões substantivas que vão socialmente produzindo-se.*
> *Enfim, acredito que o saber jurídico cumprirá na sociedade política suas funções constitucionais, reforçando simbolicamente o princípio de que o Direito deve estar a serviço da idéia de que a democracia é um pacto de incertezas possíveis.*
>
> (WARAT, Luis Alberto. "Nas funções constitucionais do saber jurídico e os caminhos da transição democrática". In: *Epistemologia e Ensino do Direito*: o sonho acabou, p. 340.)

1.1. Felicidade e formação intelectual

A humanidade é um fenômeno profundamente dinâmico, marcado por uma constante busca pela usufruição de uma vida boa. A permanente procura por uma existência feliz é, sem dúvida alguma, o grande objetivo dos seres humanos. Buscamos prazer, riqueza, honra, poder e uma infindável série de outras coisas que nos trazem boas sensações quando vivenciadas. Entretanto, é preciso que nos questionemos se essas coisas "valorosas" representam o(s) grande(s) fim(ns) da existência humana, ou, numa perspectiva mais atomizada, o grande fim de cada um de nós, se é que é possível pensarmos assim.

Aristóteles irá responder negativamente a tal questionamento. Se, por um lado, esses objetivos têm valor, por outro, nenhum deles têm as qualidades últimas e auto-suficientes – "aquilo que é sempre desejável em si mesmo, e nunca em nome de outra coisa qualquer" –, qualidades alcançáveis pela razão, que dela fariam o verdadeiro fim da ação humana. A felicidade é o fim que, por si só, satisfaz todas as exigências do fim último da ação humana; na verdade, só optamos pelo prazer, pela riqueza e pela honra porque pensamos que "através da sua instrumentalidade seremos felizes. "A felicidade, acima de tudo, parece ser absolutamente conclusiva nesse sentido, uma vez que sempre a procuramos por si mesma, e nunca como meio para se chegar a outra coisa qualquer".[1]

Em primeiro lugar, é preciso pontuarmos que a felicidade, utilizando as palavras de Monique Canto-Sperber, "é um bem propriamente humano, que só é concebível em função de recursos propriamente humanos e só tem sentido na escala da vida humana".[2] Talvez, amarrando um pouco mais a idéia de vida humana e felicidade, seja inarredável dizermos que uma vida infeliz é um contra-senso com o próprio vigor imperante em qualquer indício de vida humana. A vida, em sua eroticidade, está umbilicalmente ligada à idéia de felicidade, enquanto ser infeliz conduz a existência humana a espaços e tempos tanáticos.

Mas se buscamos constantemente sermos felizes, e temos certeza que queremos ser, não raro temos imensas dificuldades em encontrar

---
[1] Cfe. ARISTÓTELES. *Ética à Nicômaco*. 4. Ed. Brasília: UnB, 1985, 1097b.
[2] Cfe. CANTO-SPERBER, Monique. Felicidade. *In: Dicionário de Ética e Filosofia Moral*. 2. V. São Leopoldo: Editora Unisinos, v. 1, p. 613.

ou construir tal bem. Talvez isto ocorra porque temos insuficiências próprias da humanidade para responder a nós mesmos, em nossa individualidade mais recôndita, a pergunta fundamental: o que é a felicidade?

Do que isso se trata? O que é efetivamente a felicidade? Quais as coisas ou estados que possuem alguma relação com este elemento essencial da vida humana? Será, como bem questiona Alice Germain, um objeto (o dinheiro?), um lugar (o paraíso?), um tempo (os dias vindouros?), uma pessoa (Deus, os outros, nós mesmos?). O sucesso, o amor, a saúde, os prazeres, a beleza?[3]

Trazendo esta temática mais proximamente ao objeto do presente trabalho, também precisamos questionar se há alguma relação entre a educação e a felicidade. Se há alguma conexão do Direito ou da política com isto. Será que o ensino jurídico tem algo a dar em termos de construção de felicidade?

Para desvencilharmo-nos dessas provocações, talvez seja prudente, mais uma vez, utilizarmos Aristóteles, para sabermos que a felicidade não é algo que pode ser verificado momentaneamente, em escassos lapsos sincrônicos, pequenos momentos da existência, em outras palavras, mas noutro sentido, é algo diacrônico, que só pode ser aferido ao longo de uma vida. Para o Estagirita, "a felicidade pressupõe não somente excelência perfeita, mas também uma existência completa, pois muitas mudanças e vicissitudes de todos os tipos ocorrem no curso da vida, e as pessoas mais prósperas podem ser vítimas de grandes infortúnios na velhice, como se conta de Príamo na poesia heróica".[4]

Avançando por esse caminho, Canto-Sperber entende que "o traço mais característico da felicidade é o sentimento de satisfação experimentado em relação à vida inteira e o desejo que essa vida prossiga do mesmos modo", acrescentando, ainda, que "tal sentimento de satisfação deve ser relacionado com os desejos e projetos que uma pessoa alimenta em relação à sua vida".[5] Desta colocação, para o nosso propósito, duas palavras precisam ser destacadas: desejos e projetos. E qual a razão de tal ênfase?

---

[3] Cfe. GERMAIN, Alice. Prólogo. In: COMTE-SPONVILLE, André, DELUMEAU, Jean, FARGE, Arlette. *A mais bela história da felicidade. A recuperação da existência humana diante da desordem do mundo.* Rio de Janeiro: Difel, 2006, p. 7.

[4] Cfe. ARISTÓTELES. *Ética à Nicômaco*, 1100 a, 7.

[5] Cfe. CANTO-SPERBER, Monique. *Felicidade*, p. 613.

Uma significativa parte, senão a maior parcela, dos desejos e projetos dos seres humanos têm sua satisfação profundamente arraigada à educação – como condição de possibilidade de construção da própria idéia de humanidade –, e ao ensino jurídico e suas decorrências práticas, num plano de realização político-jurídico de uma vida boa. A educação representa, dentre outras coisas, uma possibilidade de integração geracional às novas condições de um mundo que se configura em processos exponenciais de mutação. Ela é o principal instrumento de adaptação às novas situações de um meio social violentamente dinâmico e que, por isso, exige constantes e ininterruptas conformações dos seres humanos, sob pena de assim não agindo, corrermos o risco de não percebermos espaços e situações de vida boa existentes no mundo contemporâneo. Neste sentido, a educação é tão relevante que ao seu sucesso ou insucesso está ligado e dependente o crescimento ou a ruína de uma civilização.

Ilustrativamente, retrocedamos à Grécia Antiga para compreendermos a relevância da educação na construção da racionalidade ocidental e a importância do lugar dos gregos na história da educação, a partir da superação da idéia de adestramento e submissão pela noção traduzida pela palavra *Paidéia*, que abrangia, num mesmo campo, expressões modernas como civilização, cultura, tradição, literatura ou educação.[6] A *Paidéia* representa o grande salto civilizatório dos helênicos em relação ao fundo histórico do antigo Oriente. Os gregos chegaram a tal grau de desenvolvimento que a prática cultural foi uma conseqüência sem maiores percalços. A educação consciente mudou a natureza física do homem grego e suas qualidades, elevando-lhe a capacidade a um nível superior.

A *Paidéia* não foi uma propriedade individual, mas foi gestada comunitariamente, com a impressão do caráter da comunidade em cada um de seus membros, sendo fonte de toda a ação e de todo o comportamento social. Foi esse processo civilizatório que determinou o crescimento e a imortalização da sociedade grega antiga, tanto no seu destino exterior como na sua estruturação interna, além de precisar um desenvolvimento espiritual individual totalmente diferenciado em relação aos povos pré-helênicos.

---

[6] Ver, a respeito, JAEGER, Werner. *Paidéia. A formação do homem grego*. São Paulo: Martins Fontes, 2003.

Esse processo cultural vivido na Grécia antiga também foi determinante para o estabelecimento de uma idéia de felicidade correlata, denominada *eudaimonia*. Tal concepção opôs-se radicalmente a qualquer postura que considerasse a felicidade a partir de prismas subjetivos de prazer. Nesse sentido, vinculou a percepção da felicidade à moralidade, identificando a vida feliz com a vida moral, onde a virtude realizaria a capacidade mais propriamente humana, a saber, a racionalidade, e a felicidade consiste principalmente no cumprimento dessa função.[7]

O que é preciso reter da *Paidéia* é a idéia do influxo cultural comunitário determinante não só de uma concepção de felicidade estabelecida a partir da virtude, da contemplação e da vida política ativa, mas, fundamentalmente, das ações e comportamentos sociais voltados para a perpetuação de uma civilização que se afastou da barbárie. Jaeger chega ao extremo de afirmar que a diferença dos gregos é tão profunda em relação aos povos do Oriente antigo que parecem fundir-se numa unidade com o mundo europeu dos tempos modernos.[8]

Queremos aqui dizer que o projeto comunitário grego e os desejos e projetos individuais dos cidadãos helênicos, que compunham a arquitetura de suas felicidades, só tornaram-se possíveis graças ao desenvolvimento de um processo civilizatório baseado na cultura e na educação. Sem isso, talvez, ou melhor, muito provavelmente, todo o Ocidente estivesse, nos dias de hoje, buscando níveis de progresso ou retrocesso próximos ao medievo.

A vinculação entre felicidade e educação, entre felicidade e racionalidade, é uma idéia consolidada historicamente por inúmeros filósofos. Em toda a filosofia helenística, a felicidade é concebida como autonomia racional e independência, tanto em relação às vicissitudes externas quanto em relação aos desejos e à busca dos prazeres, como bem afirma Canto-Sperber.[9] Aristóteles, ao mencionar três vidas possíveis para os humanos, refere que a vida contemplativa é a mais feliz, porque apresenta no mais alto grau todas as características da *eudaimonia*: é uma atividade conforme à virtude, voltado ao conhecimento das realidades belas e divinas, e é a vida mais contínua, dotada da

---
[7] Cfe. CANTO-SPERBER, Monique. *Felicidade*, p. 616.
[8] Cfe. JAEGER, Werner. *Paidéia*, p. 9.
[9] Cfe. CANTO-SPERBER, Monique. *Felicidade*, p. 617.

maior auto-suficiência e fonte da maior alegria, pois permite ao homem cumprir da melhor maneira sua função. Epicuro, por exemplo, costumava afirmar que "a filosofia é uma atividade cujo objetivo é assegurar uma vida feliz".

No século XVII, Spinoza, em seu *Tratado da Reforma do Entendimento*, diz buscar "esse objeto que fosse um bem verdadeiro, capaz de ser comunicado, e por meio do qual a alma, renunciando a qualquer outro bem, fosse afetada de maneira única, um bem cuja descoberta e posse tivessem como fruto uma eternidade de alegria contínua e soberana. Na medida em que o homem, por seu esforço, quer perseverar em seu ser e atualizá-lo o máximo possível, esse bem representa o maior desenvolvimento ou a plena atualização de sua potência de ser. Ora, desenvolver sua potência de ser é desenvolver sua perfeição, essa "natureza superior" cujo gozo é beatitude, pois a alegria é "passagem de uma menor a uma maior perfeição". Spinoza define o estado de espírito mais elevado a que os seres humanos podem chegar como *acquiescentia*, ou um estado de espírito no qual, seja qual for seu quinhão de mal relativo, eles aceitam Deus como absolutamente bom. O gozo da maior perfeição é a beatitude ou o "conhecimento que a alma pensante possui de sua união com a natureza inteira: esse é o conhecimento de Deus, que Spinoza designará como o "amor intelectual de Deus". Essa estruturação teórica de Spinoza revela, mais uma vez, a estreita ligação entre o conhecimento – nesse caso, no campo teológico – e a obtenção da felicidade.

Contemporaneamente, seja a concepção de felicidade ligada ou não à moralidade, mais ou menos arraigada a uma perspectiva subjetiva de prazer, determinada materialmente de modo mais ou menos expressivo, ou, numa perspectiva política, mais ou menos egoística, coletiva ou individualizada, o certo é que, mais do que nunca, possui uma estreita correlação com a formação espiritual e intelectual dos indivíduos, processo que somente pode ser alcançado pela educação.

1.2. Felicidade e ensino jurídico

E como tem sido tratada a temática da felicidade nos campos político e jurídico? As discussões e decisões políticas que precedem o fenômeno da positivação normativa e o próprio fenômeno jurídico em sua perspectiva objetiva têm se ocupado do bem maior aristotélico, constantemente buscado pelos seres humanos?

No campo político, mais particularmente no âmbito da política real, a problemática da felicidade, pelo menos numa esfera não-individualista, parece ter caído num completo esquecimento, pois, como temos observado, as discussões e decisões que norteiam as ações sociais dos ocupantes do poder dirigidas aos representados políticos não estão nem um pouco orientadas à efetivação de projetos políticos de felicidade. Há um significativo distanciamento entre as ações reais perpetradas pela política real e os projetos de felicidade em suas mais diferentes matizes.

Se a problemática da felicidade tem sido pouco considerada no plano da política real, não muito distante está a situação de tal temática no campo jurídico. Bastante ou quase que totalmente esquecida pelos juristas em seus labores cotidianos, talvez por estarem muito preocupados com questões dogmáticas, com cotidianidades processuais ou com sucessos profissionais no âmbito individual, não menos olvidadas têm sido as múltiplas questões que compõem a complexidade do que se chama felicidade, quando se fala em termos de ensino jurídico.

Nas preocupações presentes nas construções científicas da imensa maioria dos juristas e também na maior parte dos projetos pedagógicos que, em tese, deveriam orientar a execução dos cursos de Direito, revela-se um total descaso com discussões e digressões dirigidas ao papel do Direito e à produção de felicidade. Tal temática, na melhor da hipóteses, é algo a ser explorado pelos filósofos. Sequer dentre os jusfilósofos encontramos um razoável número de expressões que se ocupam de enfrentar tal conteúdo. Será isso ainda decorrência de uma continuidade da contaminação racionalista-positivista do modo-de-ser dos juristas ou, noutro sentido, um esquecimento do plano ético-moral que deva permear as aproximações que os juristas fazem dos fenômenos que compõem o campo da juridicidade social?

Para tornar um pouco mais palpável essa abordagem, basta que vejamos como é tratado um dos mais relevantes problemas que hoje em dia se ocupa a teoria jurídica, problema este com sérias e profundas repercussões em relação a todas as demais construções teóricas que são feitas no plano dogmático acerca do ordenamento normativo, bem como com graves reflexos na operatividade do sistema jurídico. Coloca-se, aqui, o problema de como tem a teoria jurídica concebido, contemporaneamente, o que seja uma Constituição, espaço político-normativo fundante de todo o ordenamento jurídico e de toda a organização institucional de um país.

Tal delimitação é de extrema relevância para o que se está sendo objeto do texto, uma vez que, ao falarmos em concepções de Constituição, estamos falando em diferentes alternativas de realização, ou não, de direitos fundamentais e, portanto, de cidadania; em diferentes concepções de Estado, de Direito e de sociedade. Uma ou outra concepção de Constituição pode importar ou não em uma ruptura paradigmática em relação ao modo-de-fazer Direito e, por conseqüência, em concebermos o Direito como instrumento de manutenção de *status quo*, ou de transformação e equalização social. Diferentes concepções de Constituição induzem a dessemelhantes projetos político-pedagógicos de cursos de Direito, mais ou menos comprometidos com a formação de indivíduos empenhados com a efetivação de ideais de justiça pautados pela concretização da qualidade de vida de todos os cidadãos que estejam sujeitos a um determinado sistema jurídico-político. E o que temos contemporaneamente em termos de concepções teóricas acerca do que seja uma Constituição?

Visualiza-se, dentre as mais importantes: a) numa perspectiva liberal, a Constituição como garantia do *status quo* econômico e social, em Forsthoff; b) também liberal, a Constituição como instrumento de governo, como em Hennis; c) com uma perspectiva mais democrática, Peter Häberle concebe a Constituição como processo público, como resultado de um processo de interpretação conduzido à luz da publicidade; d) em Bäumlin, numa visão mais programática, a Constituição é percebida como conjunto de normas constitutivas para a identidade de uma ordem político-social e do seu processo de realização; e) com uma ótica sistêmica-funcionalista, como em Luhmann, a Constituição como elemento regulativo do sistema política da sociedade; f) com Krüger, a Constituição como programa de integração e de representação nacional; g) em Hesse, a Constituição é ordem jurídica fundamental e aberta de uma comunidade; h) a Constituição como legitimação do poder soberano, segundo a idéia de Direito, está presente na obra do francês Burdeau; i) de origem na literatura americana, a noção de *procedural constitution*, considerada como mero instrumento de solução de problemas; j) e, por fim, num sentido radicalmente diverso, enfatizando a natureza classista do documento constitucional e o seu âmbito material, apresenta-se a teoria marxista-leninista.[10]

Se a Constituição pode ser tudo o que acima se elencou, sem discutir o mérito ou as críticas que mereçam cada uma das concepções antes expostas, antes de tudo a Constituição é, numa perspectiva filosófico-política, um projeto de felicidade. E aqui se usa o termo projeto considerando-o etimologicamente como algo em estado de lançamento para o futuro. Constituição também, e antes de tudo, é isto: uma concepção de felicidade, estruturada objetivamente através de enunciados postulatórios, principiológicos ou regradores de determinadas situações que traduzem uma visão presente e futura de um modelo de sociedade, de um modelo de Estado e de uma paradigma de Direito, todos voltados para a efetivação histórica de melhores condições de vida para toda a população em comparação com modelos concretos experimentados anteriormente.

É neste quadro que devemos inscrever qualquer proposta de ensino jurídico que se pretenda adequado a um projeto de felicidade embasado sobre os pilares da cidadania, da dignidade humana, do bem comum, da tolerância, da pluralidade, do respeito aos interesses individuais e coletivos.

A educação, numa perspectiva mais ampla, e o ensino jurídico num campo mais restrito, devem estar compromissados com a liberdade, com a justiça social, com a solidadriedade, com a erradicação da pobreza e da marginalização e com a redução das desigualdades sociais. Este é o sentido ecológico de um ensino jurídico que, muito mais do que compromissos dogmáticos, deve tomar consciência profunda de sua tarefa de transformação social, de ser ele mesmo condição de possibilidade de um acontecer humanista. É pensando nesta atribuição para o ensino jurídico que Warat afirma que "o ensino do Direito tem que se reconhecer comprometido com as transformações da linguagem, aceitar-se como prática genuinamente transgressora da discursividade instituída, como exercício da resistência a todas as formas de violência

---

[10] Sobre essas diferentes concepções de Constituição, ver: CANOTILHO, José Joaquim Gomes. *Constituição Dirigente e Vinculação do Legislador*. Coimbra: Coimbra Editora, 1994; MOREIRA, Vital. *Economia e Constituição. Para o conceito de constituição econômica*. 2. ed. Coimbra, 1979; MODUGNO, F. Il concetto di constituzione. *In: Scritti in onore di C. Mortati*. Vol. 1. Milano, 1977; POSSONY, S. The Procedural Constitution. *In: Festscrift für Ferdinand Hermens*. Berlim, 1976; HESSE, Konrad. *A força normativa da Constituição*. Porto Alegre: Safe, 1991; HÄBERLE, Peter. *Hermenêutica Constitucional*. Porto Alegre: Safe, 1997.

simbólica, isto é, como uma prática política dos direitos do homem à sua própria existência".[11]

1.3. Os projetos políticos de felicidade constitucionalizados e as origens da inclusão da educação nos textos constitucionais

O grande salto civilizatório dado pelo Direito moderno em relação aos paradigmas antigo, medieval e absolutista consistiu na criação de uma série de técnicas destinadas ao enfrentamento dos mais diversos problemas decorrentes do exercício monopolizado do poder e da utilização injustificada da força por instâncias superiores que não reconheciam nenhuma outra em plano algum. Tal processo marcou o surgimento do constitucionalismo, movimento histórico que alterou os fundamentos culturais, políticos e jurídicos da sociedade européia, modificando, conseqüentemente, o seu modelo de organização institucional e reposicionando social e simbolicamente os indivíduos, os quais deixaram a condição de súditos para ocuparem os espaços da cidadania.[12]

Ao longo da história da humanidade, com raríssimas exceções, o exercício monopolizado do poder, ainda hoje presente em muitas sociedades, foi e continua sendo uma fonte inesgotável de vida qualitativamente ruim, de infelicidade, em razão do distanciamento das ações sociais efetivadas pelo ocupantes dos espaços de poder em relação às necessidades existenciais básicas dos indivíduos, para o gozo de uma vida minimamente boa.

O que hoje conhecemos como direitos fundamentais, coisas e estados indispensáveis para uma vida boa, são conquistas que percorrem o imaginário e ocupam as esferas de demandas dos indivíduos há aproximadamente duzentos e cinqüenta anos. Antes disso, os indivíduos praticamente só tinham deveres e obrigações para com os detentores do poder.

---

[11] WARAT, Luis Alberto. *Epistemologia e ensino do direito: o sonho acabou.* Florianópolis: Fundação Boiteux, 2005, p. 375-376.
[12] Ver, a respeito, CAPELLA, Juán Ramón. *Fruto Proibido. Uma aproximação histórico-teórica ao estudo do Direito e do Estado.* Porto Alegre: Livraria do Advogado, 2002; FLEINER-GERSTER, Thomas. *Teoria Geral do Estado.* São Paulo: Martins Fontes, 2006.

Contra as mazelas do exercício monopolizado do poder em relação à qualidade de vida e à felicidade é que surgiram as lutas que culminaram com a construção de uma série de técnicas políticas e jurídicas contra impérios autoritários. Tais técnicas, como bem demonstra Mateucci em seu "Organización del Poder y Libertad",[13] consistiram em alternativas de organização e limitação do poder e concessão de liberdades em diferentes momentos históricos ao longo da modernidade.

Mas onde entra, nesse processo civilizatório, a educação e, mais especificamente, o ensino jurídico na construção de alternativas de progresso no tocante à melhoria da qualidade de vida dos seres humanos?

É preciso entender a evolução do constitucionalismo como um progresso na construção civilizatória moderna de diferentes concepções de felicidade, que têm um marco inicial com a superação de idéias de felicidade totalmente fragmentadas que marcavam a configuração do imaginário social europeu que precedeu o século XVIII. Enquanto antes da consolidação de um ideal revolucionário de felicidade, num mundo real – onde os princípios igualitários orientam modelagens de justiça e virtude –, vislumbravam-se projetos de felicidades particularizados e diferenciados para a aristocracia, para a burguesia, para os pequenos artesãos e para os campesinos, dentro do espírito revolucionário. Neste quadro fragmentado, o não-assujeitamento a um monarca já era considerado um avanço em direção a um projeto mais universalizado de felicidade. Ilustrativas, neste sentido, são as palavras de Arlette Farge, para quem "a partir do momento em que se tornou soberano, o povo passa a ser sujeito de si mesmo, o que limita consideravelmente as ocasiões de infelicidade ou de injustiça". E complementa a historiadora francesa, Diretora de Pesquisa do CNRS, dizendo que:

> "A felicidade é uma idéia nova", afirmava Saint-Just. Ele sabia que no passado, sob o Antigo Regime, qualquer situação social ou econômica dependia primeiramente da boa vontade do rei, depois do direito comum e da vontade dos senhores. Para homens e mulheres, o fato de terem eliminado o rei indica uma felicidade possível, capaz de permear a vida cotidiana.[14]

---
[13] Ver MATEUCCI, Nicola. *Organización del Poder y Libertad*. Madrid: Trotta, 1998.
[14] Cfe. FARGE, Arlette e outros. *A mais bela história da felicidade*, p. 143-144.

Num primeiro momento, o constitucionalismo liberal, através da consolidação do espaço público, buscou a proteção dos indivíduos contra os abusos por parte dos ocupantes do poder. Nesse percurso de inspiração individualista, mas de instrumentalização coletiva, vamos observar a criação de técnicas de limitação da atuação estatal, tais como modelos constitucionais parlamentaristas ou presidencialistas, separação e cooperação de poderes, sistemas de freios e contrapesos, concessão de direitos políticos, estabelecimento diferenciado de atribuições e competências a cada um dos poderes, vinculação à lei, *writs* constitucionais, além de todo um sistema positivo de direitos fundamentais que fortaleceram o espaço da individualidade frente às potestades.

Tais conquistas tiveram um primeiro momento já no século XVII, prosseguiram pelo século XVIII e encontram-se positivadas historicamente nos mais destacados textos constitucionais contemporâneos. Representaram e ainda representam uma parte fundamental em qualquer projeto de felicidade, pois é impossível falarmos em vida boa sem as mais diferentes formas de manifestação da liberdade, sem igualdade, sem autonomia, sem poderes públicos limitados, enfim, sem todas as garantias que compõem a esfera jurídico-constitucional de proteção dos indivíduos.

O projeto de felicidade liberal-individualista pode ser caracterizado como um projeto absenteísta, uma vez que impunha e impõe, nas partes que se perpetuaram nas Constituições contemporâneas, negações de ação para o Estado e *erga omnes*, em relação ao titular do direito fundamental. O que se pode dizer, em suma, do projeto Ilustrado de felicidade, é que o mesmo constitui-se a partir da consideração da felicidade como um objetivo político a ser perseguido, inclusive com a utilização de técnicas jurídicas que garantissem a tutela das coisas importantes para a concretização deste desiderato.

Para a execução histórica desse projeto constitucional de felicidade, construiu-se um conjunto teórico adequado, de cariz racionalista-individualista-positivista-normativista, que deu sustentação ao processo de consolidação de uma cultura político-jurídica liberal-iluminista. Tal cultura ainda permanece fortemente incrustrada no imaginário jurídico da maior parte dos operadores, funcionando como pré-juízos inautênticos que não se confirmam na reelaboração de uma teoria jurídica que se pretende conformada ao Estado Democrático de Direito, impedindo, assim, a concretização, pela via jurídica, de boa parte de uma série de novos direitos fundamentais positivados no novo paradigma constitucional.

Num segundo momento, compreendido pelo último quarto do século XIX e pelo início do século XX, em decorrência, no campo fático-social, de um processo de lutas perpetrado pelos proletários, e, no campo teórico, pelas inspirações socialistas, construiu-se, no ambiente constitucional, a idéia do Estado social, como um propósito de bem-estar calcado em satisfações de necessidades materiais, cuja responsabilidade, em sua maior medida, tocava ao Estado. Pois é neste momento que a educação, historicamente considerada como algo extremamente importante para uma vida boa dos indivíduos, é positivada constitucionalmente como bem merecedor de tutela.

Assim, à proteção estatal da liberdade e da propriedade acrescentou-se logo a tarefa de educação. O princípio da educação geral do povo foi um dos postulados essenciais do Iluminismo e da Revolução Francesa, como anota Thomas Fleiner-Gerster. Para este autor, no final do século XIX e sobretudo no século XX, o Estado se encarregou de cumprir outras tarefas no âmbito da educação: cuidou da escola primária, da formação profissional, da preparação para os estudos universitários e criou universidades públicas. Universidades, desde os tempos remotos, eram financiadas pelos reis. Entretanto, o princípio de uma formação universitária acessível ao maior número possível de pessoas não se realizou senão no século XX.[15]

Primeiramente, na Constituição Mexicana de 1917 e, posteriormente, na Constituição de Weimar de 1919, a educação mereceu um lugar de destaque na parte social do sistema positivo de direitos fundamentais. A Constituição Mexicana refere-se à educação, em seus artigos 3º e 31, nos seguintes termos:

> Artigo 3º. A educação ministrada pelo Estado – federação, estados, municípios – tenderá a desenvolver harmonicamente todas as faculdades do ser humano e a fomentar nele o amor à Pátria e a consciência da solidariedade internacional na independência e na justiça.
>
> I – Garantida a liberdade religiosa pelo artigo 24º, o critério que orientará a educação manter-se-á alheio a qualquer doutrina religiosa e, baseado nos resultados do progresso científico, lutará contra a ignorância e os seus efeitos e contra qualquer espécie de servidão, fanatismo e preconceitos.

Além disso, será:

---
[15] Cfe. FLEINER-GERSTER, Thomas. *Teoria Geral do Estado*, p. 602.

a) Democrático, considerando a democracia não somente uma estrutura jurídica e um regime político, mas também um sistema de vida fundado na constante promoção econômica, social e cultural do povo;

b) Nacional, na medida em que – sem hostilidades nem exclusivismos – procurará a compreensão dos nossos problemas, o aproveitamento dos nossos recursos, a defesa da nossa independência política.

VI – A educação primária será obrigatória;

VII – Toda a educação ministrada pelo Estado será gratuíta.

Artigo 31. São deveres dos Mexicanos:

I – Fazer com que seus filhos ou pupilos, menores de 15 anos, freqüentem escolas públicas ou privadas para obter a educação primária elementar e militar pelo tempo determinado pela lei de instrução pública de cada Estado.

A Constituição de Weimar dedica toda uma seção, composta por oito artigos, para a positivação da tutela do direito à educação, destacando-se as seguintes disposições:

Artigo 142. As artes, as ciências e o seu ensino são livres. Incumbe ao Estado protegê-las e contribuir para o seu desenvolvimento.

Artigo 143. Para a educação da juventude existem estabelecimentos públicos. O Império, os estados e as comunas colaboram na sua organização.

Artigo 148. O ensino ministrado em todas as escolas visa o desenvolvimento da formação moral, do espírito cívico e da capacidade individual e profissional, em conformidade com o caráter nacional alemão e com a reconciliação dos povos.

O ensino dado nas escolas públicas não deve ofender os sentimentos dos que têm opiniões diferentes.[16]

Do conteúdo desses dois textos constitucionais, que se constituem nas principais referências secularizadas em termos de positivação da proteção ao direito fundamental à educação, algumas conclusões surgem como inevitáveis, especialmente no que toca a uma guinada histórica em termos de concepções de vida boa, de cidadania, de democracia e de funções cometidas ao Estado, particularmente em relação à concretização da educação de seus cidadãos.

Em primeiro lugar, a concepção de vida boa, de felicidade que era lastreada unicamente em possibilidades de exercício de uma autonomia individual, atomizada, a partir da imposição de exigências de abstenção, em relação ao Estado e a todos os demais cidadãos, de prática de ações que pudessem macular direitos individuais, foi suplantada historicamente por uma compreensão coletiva de qualidade de

---

[16] *Textos Históricos do Direito Constitucional*. Organização e Tradução de Jorge Miranda. Lisboa: Imprensa Nacional – Casa da Moeda, 1990.

vida que passou a demandar a satisfação de necessidades materiais, dentre as quais estava a educação. Tal mudança teve reflexos imediatos em relação às funções do Estado, que não mais apenas devia garantir espaços de segurança e certeza que permitissem o mais amplo gozo de direitos individuais, mas devia agir para, por exemplo, proporcionar a educação aos seus cidadãos.

Em segundo lugar, a cidadania já não mais estava restrita a direitos de participação política ou ao âmbito dos direitos individuais de origem burguesa, mas, noutro sentido, orientava-se por uma concepção mais substancialista, onde a educação passou a assumir um papel fundamental na formação do indivíduo, na estabilidade social e no equilíbrio das instituições. Esculpiu-se, assim, conseqüentemente, um novo modelo democrático, onde a educação assumiu uma função primordial, criadora de múltiplas e inesgotáveis possibilidades de inclusão efetiva.

Contemporaneamente, nos projetos de felicidade constitucionalizados, denominados democráticos e sociais de Direito, a educação, juntamente com a saúde, assume um lugar ainda mais destacado em relação ao que já assumira nos projetos de Estado social do começo do século passado. Talvez nos tempos hodiernos, a grande democratização que se busque seja a da educação, como fator imprescindível para a concretização de todas as demais demandas para uma vida boa.

Um bom sistema educacional, que possibilite a inclusão democrática de todos os cidadãos no ambiente da escola e que permita a construção da autonomia individual, constitui-se em fator determinante de enfrentamento de injustiças sociais, de arrostamento das mais inúmeras violências que cotidianamente são vítimas os seres mais complexos e singulares da universo.

A educação assume, assim, nas democracias sociais, uma atribuição de efetivação de uma justiça ecológica, a partir de uma visão holística e libertadora de vida boa. Não podemos mais pensar em felicidade unicamente na perspectiva libertária-iluminista, ou igualitária-social, mas devemos conjeturar a felicidade contendo tudo isto e ainda mais: devemos reflexionar acerca da felicidade desde uma concepção antropológica que nos permita visualizar os seres humanos como parte de um imenso equilíbrio que a todo momento se desfaz e que precisa constantemente ser refeito, numa permanente consulta a uma ética vital. E, para tanto, a educação e o ensino jurídico são fundamentais.

Por fim, é preciso que tenhamos presente que todo e qualquer projeto democrático tem suas bases assentadas num processo de culturalização do povo. Talvez, mais do que qualquer outra função, a educação e um ensino jurídico humanista tenham como objetivo fundamental a consolidação de uma cultura democrática marcada por constituir-se em condição de possibilidade para a construção de espaços de autonomia.

É a isto que nos dedicaremos na seqüência.

1.4. Constituição e educação. O conteúdo material da educação no cenário constitucional brasileiro pós-88

Para dar conta disto tudo é preciso enfrentar o que diz respeito à análise do caráter e do conteúdo a ser atribuído ao Título VIII, Capítulo III, artigos 205 a 214 da Constituição brasileira de 1988.

Evidentemente que tal estudo levará em consideração as circunstâncias e características encampadas e assumidas pelo constitucionalismo nacional com a edição da Carta Constitucional, que veio na esteira do processo de "redemocratização", sobretudo diante de sua interação com um modelo de constitucionalismo, nomeado, "dirigente", assim como com um contexto pautado por um conjunto de fatores que afetaram e condicionam a realização do projeto constitucional – aqui indentificado como "de felicidade" – então adotado.

Obviamente que tal postura implica uma tomada de posição que deve, desde logo, ficar identificada, a qual diz com a adoção de pressupostos hermenêuticos e compreensivos do fenômeno constitucional que vêm no bojo do dito *neoconstitucionalismo* e, sobretudo, no que se refere à construção e atribuição de sentido ao texto constitucional, no caso, àqueles que explicitam o *direito à educação*, em particular os arts. 205 e 206 da CF/88, os quais, neste contexto, apenas ganham sua exata dimensão quando compreendidos no contexto deste constitucionalismo e imerso em sua dimensão cultural.

Para tanto, optamos, em primeiro lugar, em situar tal contexto constitucional para, depois, sugerirmos um certo dimensionamento da regulação do *direito à educação* no âmbito da Constituição brasileira, o que nos conduz à verificação de sua dimensão como um direito humano que vem marcado por um conjunto principiológico que define e estrutura o Estado Constitucional no Brasil.

Ou seja, pretendemos, aqui, promover uma rápida reflexão no que diz com os vínculos que se apresentam entre o *direito à educação*, como um fenômeno renovado no final do século XX e início do atual, dos direitos humanos, como projeto histórico de construção da dignidade humana – art. 1º, III, da CF/88 –, e, conseqüentemente, do constitucionalismo, a partir de seus vínculos modernos com o Estado Nacional e, particularmente, com um projeto de construção de futuro, peculiar a este *constitucionalismo dirigente e finalístico* próprio a um Estado Democrático de Direito – art. 1º da CF/88.

Não podemos nos furtar ao enfrentamento deste tema se quisermos dar vazão, com um certo grau de suficiência, ao necessário debate acerca do presente e do futuro dos nominados Estados Nacionais Constitucionais, como Estados Democráticos, mesmo rompendo, desconstruindo e reconstruindo seus espaços e estratégias de atuação.

1.4.1. Premissas Inaugurais

Em primeiro lugar, para uma exata dimensão do debate que travaremos, é necessário pensar a questão do chamado Estado de Direito e tomá-la sob as suas diversas vertentes, a saber: liberal, social e democrática de direito.

Neste sentido, convém ter presente que a cada momento destes o projeto do Estado de Direito, ao mesmo tempo em que incorpora conteúdos novos – liberdades, igualdades e solidariedades –, projeta uma atuação estatal privilegiadora de uma de suas funções – legislativa, executiva e jurisdicional, respectivamente –, bem como supõe garantias, prestações ou transformações.

Hoje, sob o influxo do chamado Estado Democrático de Direito,[17] está-se imerso, ao mesmo tempo, em um projeto de transformação da sociedade, por um lado, e, por outro, em um esfacelamento das condições necessárias e suficientes para a sua concretização, bem como, no âmbito do constitucionalismo, à necessidade de sua compreensão a partir de uma sua configuração contextual-cultural que assume contornos hermenêuticos que exigem uma tomada de posição para além das

---

[17] Para a compreensão do significado deste, ver: BOLZAN DE MORAIS, José Luis; STRECK, Lenio Luis. *Ciência Política e Teoria do Estado*. 5ª ed. Porto Alegre: Livraria do Advogado, 2006.

posturas tradicionais, em particular, no que diz com a atribuição de sentido aos textos presentes nas normas constitucionais.

Tal perspectiva nos põe frente ao problema dos direitos humanos, onde se insere a temática do *direito à educação*, não apenas no que se refere à sua realização prática, como também ao seu adequado dimensionamento quando insertos em um projeto constitucional que se abre rumo à construção de uma sociedade livre, justa e solidária, voltado à garantir o desenvolvimento nacional, este vinculado ao propósito de erradicação da pobreza, marginalização e desigualdades sociais e regionais, promovendo o bem de todos, sem preconceitos ou discriminações[18] – art. 3º da CF/88.

1.4.2. A questão dos direitos humanos

A questão dos direitos humanos está, a nosso ver, na origem do debate acerca do *direito à* educação e precisa ser revisitada, mesmo que rapidamente, para que possamos identificar alguns dos pressupostos que nos permitirão promover uma atribuição de sentido adequada e conforme aos propósitos constitucionais.

Parece-nos fundamental a compreensão não só do estabelecimento, mas, em especial, do *conteúdo* dos ditos direitos humanos, assim como do processo de transformação por que passam com a emergência de novas realidades.

Neste sentido, é mister que tracemos breves considerações a respeito do tema, na tentativa de lograr o estabelecimento de uma compreensão mínima acerca do papel que lhes é reservado no contexto do constitucionalismo pós-88 e do ambiente em que está inserido o projeto do Estado Democrático de Direito como acima identificado sinteticamente.

Para tanto, é preciso que se tenha, desde logo, a aceitação de que os direitos humanos, como tais, não formam um conjunto de conteúdos cujo conteúdo possa ser adquirido e construído de uma vez por todas. Não são direitos elaborados a partir da compreensão do que seja uma dada "natureza" inerente à pessoa humana, como fora pensado em determinados momentos históricos – veja-se o caso de John Locke, para quem, com o desvelamento do conteúdo desta "natureza" seria

---

[18] Aqui, mereceria destaque o debate acerca das nomeadas *discriminações positivas* ou *políticas afirmativas*, o que, todavia, nos desviaria do foco principal e ultrapassaria os limites deste trabalho.

viável a elaboração dos próprios direitos humanos. O que se deve ter como assente, portanto, é o caráter fundamentalmente circunstancial, o que não significa necessariamente efêmero, destes.

Em razão mesmo deste caráter de historicidade que deve ser posto sob evidência no trato dos direitos humanos, observa-se a total inadequação da tentativa de se estabelecer qualquer sentido de absolutização na definição dos mesmos.

Tal assertiva pode ser corroborada inapelavelmente pela transformação que se percebe nos próprios direitos humanos desde a sua formulação mais festejada no transcurso do século XVIII.

Percebe-se, neste percurso, a transposição dos chamados direitos de primeira dimensão (direitos da liberdade), circunscritos às liberdades negativas como de – aparentemente – oposição à atuação estatal, para os de segunda (direitos sociais, culturais e econômicos), vinculados à positividade de tal ação e preocupados com a questão da igualdade, aparecem como pretensão a uma atuação corretiva por parte dos Estados e, posteriormente, os de terceira dimensão, que se afastam consideravelmente dos anteriores por incorporarem, agora sim, um conteúdo de universalidade não como projeção, mas como compactuação, comunhão, como direitos de solidariedade, vinculados ao desenvolvimento, à paz internacional, ao meio-ambiente saudável, à comunicação. Fala-se, já, de uma quarta geração de direitos, que incorporariam novas realidades, tais como aquelas afetas às conseqüências, e.g., da pesquisa genética.

Por outro lado, é preciso que, para além da aceitação desse aspecto mutante, agregue-se, ao nosso estudo, a perspectiva de que a transformação histórica não significou apenas a incorporação de outros direitos aos já consagrados. A inovação repercutiu, também, profundamente, em um aspecto que poderíamos nomear temporariamente de *abrangência*, além de transformar o seu caráter de conteúdos negativos, agora não mais possível de ser identificado como uma marca diferenciadora dada a imbricação presente entre as diversas dimensões.

Embora sempre presente a universalidade, os direitos humanos foram primeiramente aqueles pertencentes a certas parcelas da humanidade, mas, mais do que isto, representavam, acima de tudo, direitos individuais, ou seja, direitos incorporados ao patrimônio singular de cada indivíduo, malgrado o acesso possível de todos. A construção de novos direitos humanos, frutos de uma sociedade que se expandia economicamente e que produzia novos carecimentos, dificuldades e pretensões, distintos dos anteriores, implicou na elaboração de direitos que não mais seriam apropriáveis individualmente, mas cuja dimensão se espraiaria para agrupamentos inteiros de indivíduos que se reúnem sob determinada situação que lhes é comum – os direitos de segunda e terceira dimensões referem a idéia de um compartilhamento de situações e a necessária revisão conceitual de seus conteúdos.

Quando adentramos nos chamados direitos humanos de terceira dimensão, somos tomados pela percepção de que estamos diante, efetivamente, de uma nova realidade para os direitos humanos que, neste momento, se apresentam como detentores de uma "universalidade comunitária" no sentido de que o seu objeto diz respeito a pretensões que atingem inevitável e indistintamente a comunidade humana como um todo. Não se trata mais de fazer frente ao arbítrio ou à ação do Estado relativamente a determinados indivíduos, nem mesmo de demandar a solução/garantia de certas pretensões/benefícios a grupos determinados de pessoas. Trata-se, isto sim, de fomentar o caráter solidário do homem, fazendo-o compreender uma espécie de destino comum que o prende aos demais. A violação não se estabelece mais na relação do indivíduo com o Estado, sequer a pretensão se dirige a um Estado. Ambas refletem como que uma co-responsabilidade pela qualidade e continuidade da vida humana dirigida à comunidade humana, muito embora a sua realização ainda esteja majoritariamente afeta às entidades estatais. Entretanto, como a sua garantia ou a sua violação afetam a todos inexoravelmente, outros âmbitos de ação – subnacionais ou supra-estatais – ocupam papel fundamental na sua concretização.

Como se vê, há uma realidade mutante nos direitos humanos que implica na passagem das *liberdades/garantias* para os *poderes/prestações* e, por ora, para *solidariedades*, sem que isto signifique que a emergência de uma nova dimensão imponha o desaparecimento, ou mesmo o enfraquecimento, da anterior. Cada uma delas dirige-se para circunstâncias que lhes são próprias, embora se intercambiem e promovam uma ressignificação de conteúdos, estratégias e fórmulas de/para a sua realização. E, por outro lado, todas imponham uma nova tomada de atitude frente à sua compreensão como conjunto de estratégias para veicular e concretizar um projeto de vida digna.

1.4.3. Direitos Humanos e Constituição

Neste contexto, é necessário revisitarmos, rapidamente, o ambiente privilegiado de expressão dos direitos humanos – a Constituição –, tendo presente, sempre, os seus próprios dilemas, como já referido em outros momentos.[19]

O que temos vislumbrado, quando as Constituições dos Estados Nacionais e o próprio constitucionalismo moderno são revisitados, é, muitas vezes, a perda de significado e capacidade diretiva dos próprios direitos humanos, apesar de seu privilegiamento textual nas mais diversas Cartas Políticas contemporâneas, em razão da própria fragmentação do protótipo dos Estados Nacionais Constitucionais no enfrentamento dos dilemas de uma sociedade global pautada por um profundo esfacelamento das estratégias peculiares à forma estatal moderna.

Assim, é necessário começar repensando os reflexos no constitucionalismo e nas Constituições, como documentos básicos e fundamentais ordenadores da vida comunitária e da prática do poder político, das questões trazidas pela dita globalização.

Tal interrogante passa, inicialmente, pelas questões postas pelo desenvolvimento tecnológico e, particularmente, pelas transformações que esta e outras estratégias derivadas fazem repercutir na organização econômica e nas formas produtivas em escala global.

A globalização – econômica – implica uma radical mudança no perfil do Estado contemporâneo, particularmente em seu caráter soberano, o que inexoravelmente se reflete sobre a sua capacidade de auto-organização.

Daí derivam, para o tema em tela, conseqüências significativas na medida em que a fragilização das estruturas estatais e a perda de sua centralidade exclusivista e superior faz repensar a questão constitucional, posto que as constituições foram sempre o reflexo da ocorrência do poder soberano dos Estados Nacionais dotados de um território – elemento objetivo – e de um povo – elemento subjetivo – sobre e para os quais se constituíam e organizavam, em um documento legislativo supremo, as formas e os conteúdos da vida política e social da comunidade.

---

[19] Ver: BOLZAN DE MORAIS, Jose Luis. *As Crises do Estado e da Constituição e a transformação espacial dos direitos humanos.* Col. Estado e Constituição. n. 1. Porto Alegre: Livraria do Advogado, 2002.

Desaparecido, transformado ou minimizado o poder característico do Estado Moderno – a soberania –, pode-se perguntar para onde se dirige o constitucionalismo, em especial quando o agigantamento do poder privado faz sombra à tradicional "suprema potestade estatal", implicando, muitas vezes, na sua incapacidade em reagir ou controlar as decisões tomadas alhures, ou mesmo, ter de se adaptar aos interesses e vontades de instâncias de poder distintas, em um mundo onde está-se substituindo a política pelo mercado, como instância privilegiada de construção da regulação social.

Assim, se instaura um quadro onde essa soberania compulsoriamente partilhada, sob pena de acabar ficando à margem da economia globalizada, tem obrigado o Estado Nação a rever sua política legislativa, a reformular a estrutura de seu direito positivo, a redimensionar a jurisdição de suas instituições judiciais mediante amplas e ambiciosas estratégias de desregulamentação, deslegalização e desconstitucionalização, implementadas paralelamente à promoção da ruptura dos monopólios públicos, além de promover o que nomeamos *fantochização da política* como democracia, o que afeta não apenas a elaboração formal do catálogo de direitos fundamentais, como também a sua própria realização e concretização a partir de políticas públicas de caráter prestacional de origem estatal.

Neste contexto dramático de concorrência de *poderes*, a articulação entre estes diversos espaços, muitas vezes, aponta para a flexibilização – para usar um termo da moda – do constitucionalismo, em sentida fragilização das conquistas sociais obtidas ao longo de séculos de luta cidadã, embora em uma perspectiva otimista possa-se falar em um transformação do caráter soberano dos Estados Nacionais, passando estes a operarem sob o signo da cooperação, a qual viabilize, desde outros lugares e estratégias, a realização de conteúdos humanitários, inviabilizados a partir somente do ambiente nacional.

Todavia, na perspectiva humanitária, tal contexto coloca o problema da concretização dos seus conteúdos. Este parece ser o grande ponto de estrangulamento de inúmeras questões ligadas a esta temática.

Se, de um lado, o reconhecimento dos conteúdos das várias gerações de direitos humanos parece ser algo com o que as diversas correntes ideológicas sustentadoras dos mais diferentes governos podem conviver e, mais do que isso, buscar legitimação interna e internacional, de outro, a *tentativa de dar-se efetividade* aos mesmos esbarra nos mais diferentes empecilhos, seja de ordem prático-política, seja de ordem teórico-jurídica – proveniente de uma tradição dualista de ordens jurídicas, em especial naqueles países de tradição jurídica romano-germânica ou pela supremacia de um discurso jurídico liberal que privilegia a figura do indivíduo como titular do direito desvinculada de suas relações sociais, seja, ainda, de ordem econômica, orientada por um projeto econômico globalizado, onde a orientação da política e do jurídico se dá sob a égide de um discurso calcado na idéia de privatização, eficácia, flexibilização, desregulação, etc., como apontado acima.

O que pensar, então, para o projeto constitucional presente e futuro. Há, como querem alguns, um esgotamento do mesmo em razão de uma nova conformação/organização político-econômica onde as bases dos Estados Nacionais, berço do constitucionalismo, se esvaem abrindo caminho para um pluralismo jurídico desconstitucionalizante e para uma flexibilização generalizada do direito. Desfaz-se o Estado Nacional Constitucional e, em seu lugar, insere-se uma ordem sem limites geográficos e conteúdos flexíveis, sem espaços próprios pré-determinados, sem um pacto estruturante organizador e ordenador do ser-estar no mundo, substituído por um mundo governado única e exclusivamente pelo princípio da utilidade e da eficiência.

Há um papel reservado às constituições, ao direito constitucional e, por conseqüência, aos direitos humanos e à democracia no presente e no futuro? Ou estamos aqui, prestando uma homenagem póstuma a esta obra revolucionária?

Cremos que, mesmo com as adequações necessárias – não podemos constituir a sociedade do século XXI como se estivéssemos moldando uma sociedade do século XVIII, por óbvio, sequer podemos pretendê-la unicamente assentada em bases reflexivas –, o papel da Constituição não está terminado, mesmo que esteja passando por uma reformulação profunda produto de uma realidade nova que impõe seja ordenada levando-se em consideração o seu cunho aberto e universalizado.

Malgrado o desprestígio prático suportado pelo constitucionalismo de há muito, produto de atitudes deslegitimantes assumidas por aqueles responsáveis por sua implementação – seja em face das experiências autoritárias, seja pelas fragilidades das práticas democráticas, seja pelo "desinteresse" dos setores responsáveis (leia-se, funções do Estado), seja pelas insuficiências da teoria jurídico-política etc –, incapacitando-a de tornar-se prática constante da cidadania, o seu prestígio teórico deve ser repisado para que possamos inscrever uma referência lingüística de justiça na incerteza quotidiana, seja em que espaço isto ocorra.

Pode-se sugerir, assim, que, neste quadro, mais do que as estratégias normativas com base constitucional, é o próprio sentido do poder político democrático representativo que se dilui.

Apesar disso, cremos ser importante recuperar/retomar o debate acerca da matéria, visando compartilhar algumas preocupações no sentido de buscar mecanismos que nos permitam dar a maior efetividade – no sentido dado pelo constitucionalista português Jorge Miranda – possível aos conteúdos normativos reconhecedores dos direitos humanos em suas diversas expressões, particularmente, para o tema deste trabalho – a educação –, dado o caráter central que a mesma assume em um ambiente marcado pelo desenvolvimento científico e tecnológico que podem incorporar estratégias para o atingimento de uma *felicidade* que signifique uma cultura da paz, do desenvolvimento e da qualidade de vida.

Assim, pode-se dizer que, para além desta pretensão primária, muitas outras se colocam, podendo-se aduzir que:

1) em primeiro lugar, está, sem dúvida, a importância da temática, a qual veicula as preocupações relativas ao que há de fundamental para a construção de um quotidiano digno para o ser humano;

2) em seguida, pode-se referir a necessidade de constante revitalização, não apenas dos conteúdos próprios destas pretensões humanitárias, mas, sobretudo, aos mecanismos que lhe dão efetividade, sendo indispensável que tenhamos sempre presente a necessidade de construirmos instrumentos cada vez mais facilitadores da colocação em prática e da possibilitação da usufruição destes conteúdos; e,

3) por fim, no caso brasileiro, é preciso que se busque, até mesmo pela experiência histórica, instrumentalizar os operadores jurídicos com os meios necessários para uma prática comprometida com a eficácia dos direitos humanos, especialmente a partir da promulgação da Carta Magna de 1988 que se assenta, fundamentalmente, na salvaguarda dos direitos e garantias fundamentais, na esteira, diga-se, do constitucionalismo contemporâneo, estruturado sob a opção do Estado Democrático de Direito, como já explicitado.

1.4.4. O constitucionalismo brasileiro pós-88

Assim, pode-se dizer que a Constituição brasileira de 1988 se apresenta como um texto constitucional que assume a dimensão de um Estado Democrático de Direito que valoriza e assume um projeto finalístico sustentado em uma base principiológica que pauta a construção de sentido do texto constitucional a partir de referenciais limites, explicitados em seu Título I – Dos Princípios Fundamentais, os quais desenham a moldura onde se concentra o conjunto das normas constitucionais.

Desde logo, percebe-se que, nesta tradição, a Constituição Federal de 1988 referenda alguns conteúdos que nos conduzem a compreendê-la como inserida no rol daquele constitucionalismo cujo objeto fundante está nos direitos humanos, os quais devem orientar não apenas os trabalhos dos juristas, como, também, a atuação das autoridades públicas e da sociedade como um todo.

Aliás, tal não pode ser considerado algo novo, uma vez que, desde sua origem, o Estado Constitucional, para ser reconhecido como, deve incorporar, como característica do próprio constitucionalismo, o conteúdo humanitário naquilo que pretenda ser seu documento constitucional. Já na Declaração dos Direitos do Homem e do Cidadão, proveniente da Revolução Francesa, está-se a exigir, das Cartas Constitucionais, para serem tidas como tais, o reconhecimento formal dos direitos humanos.

Portanto, Estado Constitucional é aquele que, na sua Constituição, incorpora o que passou a ser chamado de *catálogo de direitos*, o que vem expresso largamente no texto constitucional brasileiro de 1988.

O que temos de novidade, por um lado, é que, para além da carta de direitos humanos expressa em seu interior e do caráter eficacial que lhe é atribuído – art. 5º, § 1º, da CFB/88 –, dentre outros, é a abertura e a integração promovida pela norma constitucional, inserta no art. 5º § 2º, da CF/88.

Esta norma inovadora constituía, até o advento da Emenda Constitucional n. 45/04, cláusula constitucional aberta, pois, a partir dela poder-se-ia construir a hipótese de que a mesma atribui natureza de norma constitucional aos tratados internacionais de direitos humanos, a partir de uma interpretação sistemática e teleológica do texto de 88, diante da assunção da dignidade humana e dos direitos humanos como axiomas do fenômeno constitucional, o que se vincula à legitimidade material da Constituição – uma fundamentação substantiva para os atos do poder público afirmando-se como um parâmetro material, diretivo e inspirador dos mesmos, o que é fornecido pelo elenco dos direitos humanos.

Entretanto, com a Reforma do Judiciário – EC n.45/04 –, e a inclusão de um novo parágrafo ao texto deste art. 5°, ingressa-se em uma nova fase, na qual tal "abertura" sofre um enclausuramento pela exigência, para a internalização dos TIDH em sede constitucional, de um procedimento legislativo idêntico àquele próprio às Emendas à Constituição.[20]

Agora, o que vemos, com a introdução do novo parágrafo (3°) ao art. 5°, é a retomada do debate sob novas bases, o que, bem entendido, ao mesmo tempo em que parece um avanço – na medida em que admite a incorporação dos TIDH com status constitucional se aprovados em procedimento legislativo idêntico àquele previsto para as Emendas à Constituição, ou seja um mecanismo diferenciado que veicula requisitos, em particular, de quorum para aprovação (três quintos dos membros) e votação em dois turnos em cada Casa do Congresso Nacional, bastante rígidos –, apresenta-se como um limitador às possibilidades e conquistas presentes no direito internacional dos direitos humanos.[21]

Cabe, ainda, lembrar, porém, o problema das relações entre o direito interno – as normas locais – e o direito internacional, assim como o/um direito supranacional, nos seus aspectos de *convergência, concorrência* e *complementariedade*, como atitude hermenêutica e po-

---

[20] A questão trazida pelo novo parágrafo ao art. 5° da CF/88 pretende, ao que parece, responder ao debate que se propagou no País relativamente ao sentido a ser atribuído ao texto do parágrafo segundo deste mesmo artigo constitucional, em particular, no que diz com as relações que se estabelecem entre o direito nacional e o direito internacional, entre uma visão dualista e uma visão monista, entre uma postura de enclausuramento, privilegiadora do direito local, e uma postura de abertura, privilegiadora de uma ampliação protetiva dos direitos humanos. Com isso, tal tema ganha espaço privilegiado, uma vez que repõe em discussão muitos dos postulados inerentes à modernidade estatal, em particular, os temas da soberania, na perspectiva da produção jurídica, das relações entre as funções do Estado e do caráter do constitucionalismo contemporâneo.

[21] Todavia, para uma compreensão mais ampla do presente texto legislado, é necessário que se revejam alguns postulados, considerando-se as relações entre os parágrafos segundo e terceiro deste art. 5°, sendo imprescindível promover-se uma compatibilização entre ambos, considerando-se, ainda, a tendência contemporânea de internacionalização do direito constitucional e de constitucionalização do direito internacional, dos novos espaços normativos e da multiplicidade de níveis de proteção, bem como das relações entre as diversas funções do Estado.

lítica jurisprudencial diante da opção entre uma *aplicação autônoma* e uma *aplicação auxiliar*, tendo-se presente a circunstância de que, no caso particular dos direitos humanos, eles repercutem um conjunto de preocupações universais compartilhadas culturalmente, o que não admite, por óbvio, um tratamento ao estilo clássico dos vínculos entre direito local e direito internacional, principalmente se se pretende, como se imagina, uma constante construção e reconstrução dos vínculos em direção à transformação social contida na fórmula do Estado Democrático de Direito.

Porém, há que se ter presente que a atividade do jurista, como dito acima, deve ser a de consignar máxima efetividade às normas constitucionais, ou seja, a estas tem de ser atribuído o sentido que mais eficácia lhes dê; a cada norma constitucional é preciso conferir, ligada a todas as outras normas, o máximo de capacidade de regulamentação.

Como diz Konrad Hesse, a interpretação tem significado decisivo para a consolidação e preservação da força normativa da Constituição, estando submetida ao princípio da ótima concretização da norma, para que, assim, se viabilize um espaço valorizado de globalização destes conteúdos.

De outra banda, convém, ainda, que reflitamos rapidamente sobre um outro tópico que interfere substantivamente no constitucionalismo contemporâneo. Ou seja, aquilo que propomos reconhecer como a executivização da Constituição ou sua administrativização economicista, quando a função executiva do Estado passa a desempenhar um papel de relevância para a (re)definição do conteúdo da Constituição, utilizando-se dos mecanismos jurídico-constitucionais e de um discurso economicista apocalíptico, totalizante e monocórdio, para promover uma verdadeira desmontagem do texto constitucional originário patrocinado através da atuação do poder constituinte, em um verdadeiro golpe de estado institucional, como sugere P. Bonavides, em contraposição ao golpe de Estado governamental, pela remoção de regimes, e não de governos, posto que não entende com pessoas, mas com valores, não busca direitos, mas privilégios, não invade Poderes, mas os domina por cooptação de seus titulares; tudo obra em discreto silêncio, na clandestinidade, e não ousa vir a público declarar suas intenções... sendo, então, o golpe dos ditadores constitucionais, fazendo mudar o teor, a substância e a essência das instituições, e não seus nomes.

1.4.5. A educação na Constituição de 1988

O pressuposto inaugural que merece ser instalado para a construção do significado contido no texto do art. 205 da CF/88 – "A educação, direito de todos e dever do Estado e da família, será promovida e incentivada com a colaboração da sociedade, visando ao pleno desenvolvimento da pessoa, seu preparo para o exercício da cidadania e sua qualificação para o trabalho." – é o do *princípio republicano* presente no seu art. 1º, posto que, assim, a educação deve ser apropriada como um pressuposto da/para a República como um ambiente de vivência segundo a *virtude*, onde o combate às desigualdades, preservando as diferenças "legítimas", funda o *povo* como comunidade na qual o bem comum se sobrepõe aos interesses particulares.

Ou seja, com isso o *princípio republicano*, além de definir a opção constituinte originária, se projeta sobre o "caráter", a substância e os fins que devem ser perseguidos pelo *direito à educação* como conteúdo essencial da Ordem Social presente no art. 6º, *caput*, e nos arts. 205 e seguintes da CF/88.

Sendo assim, podemos concluir, desde logo, que o *direito à educação* tem um papel central em um projeto republicano de sociedade e vem, portanto, marcado por constituir-se em instrumento e meio para a realização de um projeto de autonomização da cidadania de limites e peias, forjando condições suficientes e necessárias para que o cidadão tenha plenas possibilidades de participar ativa e autonomamente da vida social, com igualdade de condições de acesso e mesmas potencialidades de proveito dos seus benefícios.

Desde estes "pres"supostos pode-se dizer, então, que à educação incumbe uma tarefa de inclusão social e realização da cidadania, entendida esta sob os aspectos político, social, econômico e cultural, como condição de possibilidade para que o princípio republicano se viabilize em sua inteireza.

Assim compreendido, o *direito à educação*, no âmbito do constitucionalismo inaugurado em 1988 e na esteira da tradição que alberga, como parte da Ordem Social brasileira, precisa ser percebido como um fator republicano de inclusão social, sendo este o cenário para atribuição do seu significado no contexto da ordem constitucional brasileira, funcionando, assim, como um instrumento inerente à construção de uma sociedade justa e solidária e marcando toda a ação estatal por este seu atributo, seja no âmbito das políticas públicas para sua implementação, seja na leitura jurisdicional que se venha a fazer a partir de eventuais demandas que lhe busquem dar concretude.

Não há outra possibilidade para promover o cumprimento e suas finalidades *republicanas*, quais sejam: pleno desenvolvimento da pessoa, preparo para a cidadania e qualificação para o trabalho. Será por meio de políticas de educação que veiculem um projeto educacional que vise o pleno desenvolvimento da pessoa que se estabelecerá condições necessárias para que a cidadania possa ser exercida com inteireza e autonomia, além de dar-se as ferramentas necessárias para o acesso ao pleno emprego, em uma sociedade do trabalho – arts. 1º, IV, e 170, VIII – e, com isso, cumprir-se com tais objetivos da ordem constitucional.

Todavia, para se atingir tais objetivos deve-se ter em conta que a Ordem Social visa – de acordo com o art. 193 da CF/88 – o bem-estar e a justiça social em um País que se assume como Estado Democrático de Direito, cujo contorno já foi antes apresentado, bastando que se repise significar isto que toda a ação estatal está voltada para um projeto de *transformação social*, cujos fundamentos expressos pelo art. 1º da Carta Política só poderão ser concretizados por intermédio do cumprimento dos objetivos impostos à toda atividade estatal, os quais vêm explicitados no art. 3º da mesma Constituição.

Ou seja, há que se tomar a referência contida no art. 205, relativamente ao *direito à educação*, e conectá-la ao desenho de País formulado no Título I da CF/88, o que dá o formato e a materialidade de todas as políticas de educação conformes com o projeto esboçado com a edição da atual Carta.

Tal postura implica dizer que o *direito à educação* precisa ser compreendido neste exato contexto, onde se conjuga com os *objetivos fundamentais* do Estado Democrático de Direito e, por isso, compromete-se com o projeto dos direitos humanos, assumindo, como tantos outros aspectos que lhe são peculiares, uma *função social* que somente se cumprirá com a observância, ainda, de seus objetivos peculiares.

Em síntese, o que deve ser retido, aqui, é que uma *educação republicana* somente se concretiza como uma "proposta material de qualidade", a qual se consolida com sua compatibilização com o projeto de Estado Democrático de Direito formulado em 1988, vinculada à *inclusão social*, à *transformação* e ao *respeito à diferença*.

Isto leva à consideração de que, inclusive para o resgate histórico dos déficits sociais da sociedade brasileira, mesmo com a promoção de políticas positivas de inclusão social – ou *ações afirmativas* – não basta enfrentar tal defasagem econômica, racial, de gênero, ou outro fator discriminante que seja selecionado como critério de (des)igualação, apenas com estratégias discriminantes como critério racional de justificação ou aplicação.

Para tal "compensação" à tradição excludente, além de partir de critério adequado para o enfrentamento da defasagem, deve a política pública ser capaz de *promover*, pelo meio escolhido, *efetiva inclusão*, prestando um serviço que esteja em conformidade, no caso, com o conteúdo do *direito à educação*, como acima apresentado.

Portanto, o *direito à educação* apenas se concretiza com o oferecimento de uma educação republicana – de formação de cidadãos –, includente e transformadora, impondo, às práticas pedagógicas, o uso de estratégias que vão ao encontro de tal finalidade, seja pela ação do Estado, da família ou de agentes da sociedade (art. 205 da CF/88).

Tendo presente o significado do *direito à educação*, particularmente no que se refere à questão do ensino, é preciso ter presente os seus princípios, trazidos pelo art. 206 da CF/88:

> Art. 206. O ensino será ministrado com base nos seguintes princípios:
>
> I – igualdade de condições para o acesso e permanência na escola;
>
> II – liberdade de aprender, ensinar, pesquisar e divulgar o pensamento, a arte e o saber;
>
> III – pluralismo de idéias e de concepções pedagógicas, e coexistência de instituições públicas e privadas de ensino;
>
> IV – gratuidade do ensino público em estabelecimentos oficiais;
>
> V – valorização dos profissionais do ensino, garantidos, na forma da lei, planos de carreira para o magistério público, com piso salarial profissional e ingresso exclusivamente por concurso público de provas e títulos;
>
> VI – gestão democrática do ensino público, na forma da lei;
>
> VII – garantia de padrão de qualidade.

Assim, o ensino, como expressão do *direito à educação*, precisa estar identificado com o seu conteúdo e adotar estratégias e fórmulas que busquem a realização do projeto constitucional e, por isso, sendo livre à iniciativa privada (art. 209 da CF/88), para atender os fins do *direito à educação*, precisa acompanhar seus pressupostos hermenêuticos, adotando estratégias e procedimentos que dêem conta da formação não apenas de profissionais aptos ao mercado de trabalho, mas de cidadãos livres, cuidando para servir de instrumento de transformação social.

E tal se projeta, inclusive, para as instituições de ensino superior, inclusive as universidades, as quais, apesar de – as últimas – gozarem da autonomia didático-científica, administrativa e de gestão financeira e patrimonial (art. 207 da CF/88), não se furtam de visar, através de seus projetos político-pedagógicos, a concretização deste mesmo *direito à educação*, como aqui reconstruído, estando a garantia de padrão de qualidade (art. 207, VII, da CF/88) necessariamente impregnada de tal caráter finalístico.

E é a isso que se destina a proposta implementada pela UNISINOS para o curso de Direito: responder ao projeto constitucional e forjar em seus egressos a marca de bacharéis que dominem uma tecnologia voltada à realização da autonomia cidadã.

1.5. Referências bibliográficas

AMIRANTE, Carlo. Principles, Values, Rights, Duties, Social Needs and the Interpretation of the Constitution. The hegemony of multi-level governance and the crisis of constitutionalism in a globalised world. *In*: NERGELIUS, Joakim et all. *Challenges of Multi-Level Constitutionalism*. 21st World Congress "Law and Politics in Search of Balance. Sweden. 12-18 august. 2003, p. 171-190.

ARISTÓTELES. *Ética à Nicômaco*. 4. ed. Brasília: UnB, 1985.

BANDEIRA DE MELLO, Celso Antonio. Eficácia das Normas Constitucionais Sobre Justiça Social. *Revista de Direito Público*, n. 57/58, p. 233-256, jan./jun., 1991.

BOBBIO, Norberto. *A Era dos Direitos*. Rio de Janeiro: Campus, 1992.

BOLZAN DE MORAIS, José Luis; AGRA, Walber de Moura. A jurisprudencialização da Constituição e a densificação da legitimidade da jurisdição constitucional. *In: Revista do Instituto de Hermenêutica Jurídica*. Vol. 1, n. 2. Porto Alegre: IHJ, 2004.

——. *As crises do Estado e da Constituição e a transformação espacial dos direitos humanos*. Col. Estado e Constituição n. 1. Porto Alegre: Livraria do Advogado, 2002.

——. *Costituzione o Barbarie*. Col. Costituzionalismi Difficili n. 2. Lecce: Ed. Pensa, 2004.

——. Direitos Humanos e Constituição. O novo da EC 45/04. *In*: LEAL, Rogério Gesta; REIS, Jorge Renato dos. *Direitos Sociais & Políticas Públicas. Desafios contemporâneos*. Santa Cruz do Sul: EDUNISC, 2005.

——. O Brasil pós-88. Dilemas do/para o Estado Constitucional. *In*: SCAFF, Fernando Facury (Org.). *Constitucionalizando direitos: 15 anos da Constituição brasileira de 1988*. Rio de Janeiro: Renovar, 2003.

BONAVIDES, Paulo. *Curso de Direito Constitucional.* São Paulo: Malheiros, 1995.
BURDEAU, Georges. HAMON, Francis. TROPER, Michel. *Droit Constitutionnel.* 23. ed. Paris: LGDJ, 1993.
CANOTILHO, J. J. Gomes. *Direito Constitucional e Teoria da Constituição,* 7. ed. Coimbra: Almedina, 2004.
——. *Constituição Dirigente e Vinculação do Legislador.* Coimbra: Coimbra Ed., 1994.
CANTO-SPERBER, Monique. Felicidade. *In: Dicionário de Ética e Filosofia Moral.* 2. V. São Leopoldo: Editora da UNISINOS, v.1.
CAPELLA, Juán Ramón. *Fruto Proibido. Uma aproximação histórico-teórica ao estudo do Direito e do Estado.* Porto Alegre: Livraria do Advogado, 2002.
FARIA, Jose Eduardo C. O. *O Direito na Economia Globalizada.* São Paulo: Malheiros, 1999.
FLEINER-GERSTER, Thomas. *Teoria Geral do Estado.* São Paulo: Martins Fontes, 2006.
GALUPPO, Marcelo Campos. *Igualdade e Diferença. Estado Democrático de Direito a partir do pensamento de Habermas.* Belo Horizonte: Mandamentos, 2002.
GERMAIN, Alice. Prólogo. In: COMTE-SPONVILLE, André, DELUMEAU, Jean, FARGE, Arlette. *A mais bela história da felicidade.* A recuperação da existência humana diante da desordem do mundo. Rio de Janeiro: Difel, 2006.
HÄBERLE, Peter. *Diritto costituzionale nazionale, unioni regionali fra stati e diritto internazionale come diritto universale dell'umanità: convergenze e divergenze.* Texto em versão italiana por J. Luther, de conferência proferida na Cidade do México e Bologna, em abril de 2004. Mimeo, p. 3, 4, 8 e 10.
——. *Hermenêutica Constitucional.* Porto Alegre: Safe, 1997.
HESSE, Konrad. *A Força Normativa da Constituição.* Porto Alegre: Safe, 1991.
JAEGER, Werner. *Paidéia. A formação do homem grego.* São Paulo: Martins Fontes, 2003.
MATTEUCCI, Nicola. *Organización del poder y libertad. Historia del constitucionalismo moderno.* Madrid: Trotta, 1998.
MIRANDA, Jorge. *Manual de Direito Constitucional.* Coimbra: Coimbra Ed. 1996.
MODUGNO, F. Il concetto di constituzione. *In: Scritti in onore di C. Mortati.* Vol. 1. Milano, 1977
MOREIRA, Vital. *Economia e Constituição. Para o conceito de Constituição Económica.* 2. ed. Coimbra; Coimbra Ed., 1979.
POSSONY, S. The Procedural Constitution. *In: Festscrift für Ferdinand Hermens.* Berlim, 1976.
PIOVESAN, Flavia. *Direitos Humanos e o Direito Constitucional Internacional.* São Paulo: Max Limonad, 2006.
SARLET, Ingo W. *A Eficácia dos Direitos Fundamentais.* Porto Alegre: Livraria do Advogado, 1998.
STRECK, Lenio. *Hermenêutica Jurídica (em)Crise.* Porto Alegre: Livraria do Advogado, 1999.
VEGA, Pedro de, Apuntes para una Historia de las Doctrinas Constitucionales del Siglo XX. *In Teoría de la Constitución.* Madri: Editorial Trotta, 2000.

VERDUSSEN, Marc. L'application de la convention Européenne des Droits de L'homme par les Cours Constitutionnelles. *In*: SEGADO, Francisco Fernadéz. *The Spanish Constitution in the European Constitutional Context.* Madrid: Dykinson. 2004, p. 1555-1572.

WARAT, Luis Alberto. *Epistemologia e ensino do direito: o sonho acabou.* Florianópolis: Fundação Boiteux, 2005.

2. O processo de elaboração do projeto e a instituição da biblioteca básica da Escola de Direito da UNISINOS

2.1. Os Projetos Político-Pedagógicos nos Cursos de Direito

Até meados da década de 90 do século passado, praticamente não se ouvia falar de projetos político-pedagógicos para orientar qualquer proposta que norteasse o desenvolvimento de um curso de Direito no Brasil. Até então, as estruturações curriculares dos cursos jurídicos em nosso País representavam muito mais o resultado de um processo empírico, oriundo de uma tradição exegética, positivista e normativista, desenvolvidos sem qualquer discussão institucional e executados fragmentariamente por cada um dos professores na titularidade de suas cátedras, do que propriamente uma proposta orgânica resultante de um movimento harmônico construído dentro das escolas de Direito, a partir de uma concepção clara e definida do que significava o fenômeno jurídico e sua importância na vida e na formação do pensamento político do país.

Essa situação começou a ser modificada formalmente com a edição da Portaria n. 1.886/94, do Ministério da Educação, instrumento normativo que serviu como referência regulatória para os Cursos de Direito. Tal documento buscou dar uma relativa uniformização aos currículos, estabelecendo, dentre outras exigências, a necessidade de elaborarem-se projetos pedagógicos que explicitassem os caminhos a serem percorridos por alunos e professores na execução do Curso. Essa obrigatoriedade ficou ainda mais reforçada em função dos processos de avaliação instituídos através da SeSU/MEC e do INEP, órgãos responsáveis pelos procedimentos de autorização de abertura e reconhecimento de cursos, os quais, através de suas políticas e orientações de avaliação repassadas aos avaliadores *ad hoc*, exigiam a existência de projetos político-pedagógicos que dirigissem o andamento dos cursos de Direito.

Entretanto, ainda que num primeiro momento, sob a perspectiva formal, as escolas de Direito no país tivessem adotado tal instrumento de programação político-pedagógica, substancialmente a situação permanecia, na maioria delas, como outrora fora: o desdobramento dos cursos em sua execução permanecia alheio aos projetos que, não raras vezes, eram a colagem de disciplinas desenvolvidas fragmentadamente pelos professores, sem qualquer perspectiva de sistematicidade e organicidade, sem qualquer comunicação conteudística entre as diferentes disciplinas, nem tampouco estavam presentes estratégias metódicas que possibilitassem um desenvolvimento articulado e otimizado de conteúdos.

Paulatinamente, com a instalação de diversos fóruns de discussão acerca do ensino jurídico no País e, conseqüentemente, com o aprofundamento de um sem número de questões, começou-se a dar um especial relevo aos projetos político-pedagógicos e a descobrir-se/construir-se, efetivamente, a sua importância na condução dos cursos de Direito.

A UNISINOS não perdeu o seu tempo e seu lugar nesta história. Buscou não só (re)construir suas diretrizes político-pedagógicas para o curso de Direito, mas, por outro lado, tratou, também, de criar alternativas metódicas que possibilitassem o acontecimento do novo.

2.2. Síntese do processo de elaboração da nova proposta e sua constituição

Ciente da existência de deficiências e inadequações no Curso de Direito da UNISINOS frente às novas exigências legais de qualidade que têm sido impostas a praticamente todos os ramos do ensino universitário no País, bem como em resposta às diretivas institucionais da UNISINOS, a Direção da Escola de Direito iniciou, ainda no final do ano de 2001, um trabalho junto ao seu corpo docente e órgãos diretivos e administrativos do Centro, em especial a Comissão de Coordenação do Curso, além do corpo discente, objetivando primordialmente a coleta de dados, opiniões, propostas, anseios e expectativas dos professores, dirigentes e alunos, para a reconstrução do projeto pedagógico que desse novo vigor ao Curso de Direito.

O trabalho inicialmente realizado foi coordenado pelo Núcleo de Apoio Pedagógico (NAP) da Escola de Direito e pela Coordenação do Curso. A dinâmica de trabalho desenvolvida teve como expediente predominante as reuniões realizadas entre as coordenadoras do NAP e os grupos de professores que ministram disciplinas iguais ou que tenham uma ligação conteudística muito grande.

Nessas reuniões, que ocuparam boa parte do ano de 2001, alguns professores foram designados como facilitadores, tendo eles a função de coordenar as reuniões de seus respectivos grupos. Desses encontros resultou um documento final elaborado pelo NAP, no qual foram sintetizadas e sistematizadas as opiniões e propostas formuladas pelos professores da Escola de Direito.

Com base nas Diretrizes Curriculares para os cursos de Direito foram propostos os seguintes itens para discussão com o corpo docente:

- situação do Curso de Direito em relação ao perfil do egresso;
- ideal do curso em relação ao perfil do egresso;
- corpo docente;
- interdisciplinariedade;
- integração entre teoria e prática;
- processo de avaliação da aprendizagem;
- integração entre graduação e pós-graduação;
- incentivo à pesquisa;
- estágios e trabalho de conclusão;
- inserção institucional do curso na comunidade.

Concomitantemente a essas manifestações do corpo docente, a Direção da Escola de Direito passou a uma nova fase deste processo de revisão do projeto pedagógico, quando, então, foi realizada, por uma assessoria especialmente designada [para este fim], uma avaliação [simulada] das condições de oferta do Curso de Direito, tendo como referência principal o instrumento utilizado pelo Ministério da Educação, para as vistorias que são realizadas *in loco* nos cursos superiores de todo o País.

Da soma dessa avaliação simulada, realizada junto ao Curso de Direito, com todo o trabalho desenvolvido pelo NAP [junto ao corpo docente], resultou um diagnóstico das condições de oferta [do Curso de Direito], além de uma série de indicativos para o direcionamento de futuras ações político-pedagógicas a serem adotadas, nos três aspectos que são objetos de avaliação: corpo docente, infra-estrutura e organização didático-pedagógica.

Particularmente em relação à organização didático-pedagógica, naquilo que se refere à estrutura curricular, alguns pontos deficientes precisam ser salientados, uma vez que é neste aspecto que as mudanças mais radicais fazem-se necessárias, a fim de que atinjamos níveis de excelência na formação do egresso compatíveis com a proposta institucional de qualidade de ensino.

2.2.1. *Diagnóstico resultante dos trabalhos de discussão sobre as condições de oferta do Curso de Direito*

Encerrada a fase das reuniões e discussões com o corpo docente e discente, chegou-se à conclusão, a partir das colocações feitas pelos professores de todas as áreas temáticas abrangidas no Curso e alunos, que os seguintes aspectos reclamam algumas ações transformadoras, objetivando a qualificação do Curso de Direito.

2.2.1.1. *O tempo excessivo de oferta regular do Curso*

O primeiro aspecto de relevante influência nas atuais condições de oferta do Curso de Direito da UNISINOS, bem como na excelência acadêmica do egresso, vem a ser a extensão do curso. Tradicionalmente o Curso de Direito da UNISINOS tem sido oferecido com uma duração regular de seis anos, o que traz como conseqüência um elevado tempo de permanência dos alunos na Universidade para a conclusão do curso. Segundo as avaliações internas realizadas pela CAI (Comissão de Avaliação Institucional), uma significativa parcela dos alunos da Escola de Direito leva mais de sete anos para a integralização de todas as exigências, havendo situações extremas compostas por não poucos casos de conclusão do curso em tempo superior a dez anos, realidade que inviabiliza, por influência de variados fatores, a concretização de qualquer pretensão de obter-se níveis elevados de qualidade em relação à formação do egresso.[22] Essa situação gera uma gama de conseqüências em diversos âmbitos.

A primeira conseqüência decorrente do alto tempo de integralização do curso por significativas parcelas do corpo discente vem a ser a violação do disposto no art. 1º, segunda parte, da Portaria n. 1.886/94, que estabelece lapso temporal de oito anos como período máximo para isto.

Sob o aspecto acadêmico, é possível inferir-se que, ao diluir a realização do curso num lapso temporal tão extenso, grande parte do corpo discente, que assim procede pelas mais diversas razões, não consegue condensar um volume razoável de conhecimento ao longo do curso, a ponto de lograr um desempenho acadêmico e profissional satisfatório, o que compromete qualquer estratégia qualitativa em relação ao perfil profissional a ser obtido. Ao integralizar o Curso em lapsos temporais tão extensos, especialmente por freqüentarem poucas disciplinas em cada semestre, os alunos vão dissipando grande parte do conhecimento ofertado e construído, chegando ao final com suas reservas culturais e formação acadêmica deficitárias diante da desestruturação de uma grade formativa, aqui em face das perdas que se dão diante do mosaico curricular realizado.

Sob outro ponto de vista, a extensão temporal exigida para a conclusão do atual currículo tem sérias conseqüências nos aspectos referentes à competitividade do Curso de Direito da UNISINOS no mercado constituído pelas Faculdades de Direito.

Inexoravelmente, com a violenta expansão da oferta do ensino jurídico, os pretendentes a um assento discente nos cursos de Direito, ao escolherem em qual instituição de ensino superior irão tentar ingressar, levam em consideração, dentre outros aspectos, os gastos a serem realizados para a freqüência ao curso. E, neste sentido, o tempo de oferta regular de seis anos, ao ser comparado com o tempo dos

---

[22] Segundo pesquisa institucional realizada junto ao corpo discente da Escola de Direito, os dados existentes relativos ao tempo de integralização do curso são os seguintes:

	FORMANDOS 2001/1 (N)	FORMANDOS 2001/1 (D)
09 anos	13%	3%
08 anos	13%	7%
07 anos	21%	11%
06 anos	29%	24%
05 anos	22%	51%
04 anos	2%	3%
03 anos	–	1%

outros cursos de direito mais próximos – todos, indistintamente, com duração regular de cinco anos –, parece constituir-se em um empecilho econômico àqueles que pretendem cursar Direito na UNISINOS. Tem-se que considerar que o financiamento do aluno não se restringe aos gastos diretos com a universidade, mas a eles agrega-se uma série de outros, tais como transporte, material de apoio, livros, alimentação, etc.

Diante dessa realidade, outro caminho parece não haver, senão o da redução do tempo de oferta regular do Curso de Direito, de seis para cinco anos, o que provavelmente tenderá a proporcionar modificações nos dois aspectos antes salientados: no lado acadêmico, uma melhoria na qualidade acadêmica do egresso, por possibilitar a aglutinação de uma maior quantidade de conhecimento num menor tempo, o que redunda em qualidade; no lado financeiro, ao tornar mais viável a realização do curso por aqueles que, com enormes obstáculos, custeiam seus estudos, irá inserir de forma mais competitiva o Curso no mercado.

2.2.1.2. O currículo 3 frente à exigência de interdisciplinaridade e integração entre as disciplinas: alguns indicativos para a revisão curricular (currículo 4)

A análise da grade curricular, para fins de verificação da sua interdisciplinaridade e da integração entre as diversas disciplinas que a compõem, demanda uma observação a ser feita em dois âmbitos distintos: o primeiro, abrangendo o contexto da sua totalidade, permite a visualização da interdisciplinaridade presente na totalidade do conjunto das disciplinas que a materializam; o segundo, mais restrito a cada disciplina, visa facilitar a avaliação das relações de cada uma delas com todas as demais, nos pontos onde houver essa possibilidade, através de um exame detalhado dos conteúdos programáticos a serem desenvolvidos em cada matéria.

No contexto geral da grade, verifica-se a materialização de uma proposta pedagógica preocupada em contemplar a interdisciplinaridade. Isto é facilmente verificável a partir de uma análise da atual grade curricular, especialmente se considerarmos o direcionamento dado nos três primeiros semestres do curso, nos quais são ofertadas disciplinas voltadas a uma formação teórica, filosófica e humanística.

Entretanto, o diagnóstico da eficácia desta proposta pedagógica para a formação dos egressos com o perfil pretendido reclama a abordagem de outras dimensões, uma vez que a simples existência, na grade, de uma variedade de disciplinas não específicas do curso de Direito não permite a aferição quanto à concretização da proposta de interdisciplinariedade. Esta é apenas uma das fórmulas de privilegiamento da interdisciplinariedade.

Por outro lado, também deve ser analisada, para este fim, a pertinência das disciplinas que compõem os diferentes núcleos de matérias, sua distribuição, sua seqüencialização e sua integração ao longo da proposta curricular, bem como a estratégia de conclusão pelos alunos. E nestes pontos observam-se alguns problemas que comprometem o vigor da atual proposta pedagógica para a formação de egressos com um perfil humanístico e crítico-reflexivo que permita não só o domínio do conhecimento técnico das instituições jurídico-políticas, mas a sua transformação conforme as exigências sociais.

A adequação do conjunto de disciplinas oferecidas na vigente grade curricular do Curso de Direito deve ser analisada a partir dos objetivos a que ela se propõe, tendo como referencial o perfil da formação pretendida para o aluno. Neste sentido, o projeto pedagógico, cuja revisão ora se pretende, delimita uma preocupação com a formação jurídica integral, estabelecendo que *o curso jurídico proposto objetiva habilitar o acadêmico a desenvolver suas atividades profissionais, com qualidade e competência, nas várias modalidades de carreiras jurídicas.*[23] Para tanto, foi proposto um perfil profissiográfico que evidenciasse as seguintes habilidades:

- domínio da gênese, dos fundamentos, da evolução e do conteúdo do ordenamento jurídico vigente;
- interpretação e aplicação crítica do conhecimento adquirido, bem como clareza na sua expressão através do vocabulário jurídico compatível;
- utilização dos conhecimentos na sua perspectiva ética, visando aperfeiçoar e adequar o ordenamento jurídico às necessidades sociais;
- e, por fim, a produção de novos conhecimentos a partir da constante pesquisa e investigação.

Essas premissas, apesar da sua generalidade, contemplam, de uma forma reduzida, o que, para a época de formulação da proposta vigente,

---

[23] Cf. PROPOSTA DE NOVO CURRÍCULO DO CURSO JURÍDICO. Escola de Direito/UNISINOS, outubro de 1995.

eram pontos fundamentais de renovação do ensino jurídico. Porém, a proposta não encontrou, jamais, uma ressonância na grade curricular capaz de potencializá-la de forma suficiente, a ponto de efetivamente exercer um influxo formador de egressos com tais características e habilidades.

Nesse aspecto, as disciplinas de formação humanística presentes no corpo da grade curricular vigente, pela análise de seus conteúdos programáticos, compõem um núcleo de matérias relativamente isolado do restante das disciplinas que constituem a totalidade da proposta, pois não apresentam uma conexão conteudística e de objetivos que possa agregar qualidade de formação ao longo do curso. Todavia, nos debates com o corpo docente, foi reiteradamente frisada a importância de tais disciplinas, sugerindo-se, isto sim, uma melhor adequação das mesmas, dentro de um currículo interdisciplinar e humanístico. Assim, disciplinas como Fundamentos Antropológicos, Realidade Brasileira e Cidadania, Atualidade Latino-Americana: Cidadania e Exclusão, Economia, Ética Geral e Humanismo e Tecnologia devem ser melhor adequadas às realidades a serem analisadas e/ou modificadas pelo operador jurídico, bem como formatadas adequadamente ao projeto pedagógico agora formulado.

Evidentemente que não mais é possível acomodar todas as disciplinas existentes dentro de uma proposta curricular que tem como um dos pontos fundamentais a redução do tempo de duração do curso, tendo-se, por conseqüência, que melhor estruturar seus conteúdos e estratégias.

Ainda, no que se refere à adequação e pertinência de algumas das atuais disciplinas oferecidas para a consecução da proposta pedagógica em vigor, temos que ressaltar que determinadas áreas especializadas do Direito – expressas através das disciplinas profissionalizantes – têm uma excessiva carga horária no atual currículo, situação que, somada com a formação dos professores e todas as variáveis daí decorrentes, tem imprimido uma formação altamente dogmática, positivista/legalista e liberal-individualista aos alunos, e que confronta diretamente com todas as modernas concepções de cursos jurídicos contemporaneamente buscadas, até mesmo se contrapondo à base conceitual tentada imprimir pelas disciplinas anteriormente mencionadas. Além disso, dessa excessiva dedicação de carga horária a disciplinas profissionalizantes resulta, também, que o currículo vigente, preso a concepções e disciplinas tradicionais e práticas pedagógicas consolidadas, não foi suficientemente renovado e contextualizado para o atendimento das condições e perspectivas do mercado de trabalho regional e das demandas gerais provenientes da sociedade contemporânea.

Outro aspecto presente no atual currículo, e que necessita urgentemente ser enfrentado, diz respeito à distribuição das disciplinas na grade, sua seqüencialização e sua integração. O que atualmente se observa em relação a estes pontos é uma concentração dos diferentes blocos de disciplinas em fases bem marcadas e seccionadas do curso. Assim, as fases iniciais do curso estão lotadas de disciplinas propedêuticas ou fundamentais, as fases intermediárias com as profissionalizantes e as finais com as disciplinas práticas. Este modelo tem como principal conseqüência a compartimentalização da formação do aluno, o que tem impedido a seqüencialização do processo de aprendizado e uma maior integração entre as disciplinas a partir de uma compreensão contextualizada da formação jurídica.

2.2.2. A relação entre teoria e prática nas disciplinas

Este tópico deve ser analisado sob dois aspectos. O primeiro diz respeito à integração entre teoria e prática no desenvolvimento cotidiano das disciplinas e matérias dentro de sala de aula, na correlação entre disciplinas de caráter propedêutico e aquelas de cunho profissionalizante. Neste aspecto, é bastante provável que haja esta integração, especialmente se levarmos em consideração a experiência do corpo docente em atividades jurídicas não acadêmicas, desde que, como dito acima, não se produza um recorte impermeável entre teoria e prática.

Por outro lado – sob o aspecto da formação prática (real e simulada) –, observamos que não há a satisfação deste item, se considerarmos a necessidade de freqüência obrigatória de todos os alunos ao Núcleo de Prática Jurídica, uma vez que este expediente acadêmico não vem sendo exigido no Curso.

Também a eficácia deste ponto do curso sofre, num sentido negativo, importantes influências da compartimentalização dos diversos núcleos de disciplinas ao longo da grade curricular. Ao termos todas as disciplinas de estágio localizadas no último semestre do curso, reduzimos, de maneira significativa, a aplicação prática do conhecimento repassado e construído ao longo do curso, pois este isolamento das matérias práticas no décimo segundo semestre exige todo um resgate de conteúdos desenvolvidos desde o início do curso, expediente que não é realizado por grande parte dos alunos, bem como uma dispersão do conhecimento de cunho propedêutico, como se este não fizesse parte das atividades de caráter pragmático.

2.2.3. A relação entre graduação e pós-graduação

O atendimento desta exigência tem sido, quando muito, parcial. O que existe de integração entre estes dois níveis da Escola de Direito tem ocorrido através do trânsito de alguns professores que ministram disciplinas nestes diversos níveis de ensino, realização de seminários, orientações de trabalhos de conclusão e algumas outras atividades que não têm a potencialidade de caracterizar uma efetiva integração entre a pós-graduação e a graduação. É ínfima a participação de alunos da graduação em atividades de ensino, pesquisa e extensão realizadas junto aos diversos cursos de pós-graduação, situação que fica ainda mais aguda quando se trata do mestrado e doutorado.

Também neste aspecto é preciso ressaltar que, na ocasião da aprovação do atual currículo, inexistia o Programa de Pós-Graduação *stricto sensu*, e o desenvolvimento da pós-graduação *lato sensu* era ainda incipiente. Disso decorre que as linhas de pesquisa implantadas junto ao PPGD, a saber: Hermenêutica, Jurisdição e Sistemas Jurídicos e Estado, Direito e Transnacionalização, têm uma irrisória recepção no atual currículo, o que representa um severo obstáculo ao desenvolvimento de um processo pedagógico que privilegie a excelência.

A principal questão que aqui se levanta é a ínfima recepção da proposta conteudística do Programa de Pós-Graduação junto à graduação. Enquanto aquela tem uma linha voltada à crítica, à reflexão e à transformação do atual paradigma de Direito vigente em nosso País, a segunda está ainda amarrada à velha matriz epistemológica positivista/legalista.

A alteração deste quadro deve se dar, antes de mais nada, no próprio projeto pedagógico, a fim de que as ações posteriores possam ser melhor planejadas e, conseqüentemente, mais eficazes.

2.2.4. O sistema de avaliação

Outro aspecto bastante lembrado pelo corpo docente como altamente problemático na graduação, e que, portanto, reclama uma reestruturação, visando a agregação de qualidade na formação do egresso, é o sistema de avaliação, atualmente em vigência, para aferição do desempenho acadêmico dos alunos.

A enorme diversidade nos instrumentos de avaliação, com uma conseqüente variação do grau de exigência, com significativas variações de um professor para outro, tem gerado um corpo de egressos muito diversificado qualitativamente. Esta situação tem se consituído como um dos fatores relevantes para o desempenho do Curso de Direito da Instituição nas avaliações externas, ainda mais levando-se em consideração as dimensões dos seus corpos docente e discente.

Nesse sentido, há, indubitavelmente, um consenso entre o corpo docente quanto à necessidade de uma reformulação no sistema de avaliação, ou, pelo menos, da criação de algum mecanismo que possa tornar mais eficaz o processo de verificações atualmente desenvolvido. Entretanto foi evidenciado que tal aspecto diz respeito a uma definição institucional que escapa à competência dos Centros da Universidade. Assim, malgrado a constatação, a Escola de Direito viu-se limitada para promover qualquer alteração no sistema de avaliação em vigor.

2.3. Diagnóstico resultante dos trabalhos de discussão sobre as condições de execução do novo Projeto Político-Pedagógico do Curso de Direito e a instituição da Biblioteca Básica

A passagem do plano ideal para o real é, com certeza, a mais contundente e robusta prova que o processo de construção de um projeto político-pedagógico possa ser submetido. A implantação da proposta, em seus mais diferentes âmbitos, fica sujeita a uma gama bastante grande de variáveis que podem determinar o seu sucesso ou fracasso.

A variável mais oscilante e determinante é a heterogeneidade de um corpo docente, cuja formação de seus integrantes é bastante diversa em suas referências teórico-científicas, fato que complexifica enormemente a tarefa de implementação de um projeto que se pretende orgânico. Não se quer dizer, com isso, que se pretenda autoritariamente a composição de um corpo docente vinculado a uma única tradição de pensamento. Muito pelo contrário. A diversidade é salutar e desejada. Entretanto, essa variação formativa deve ser cultivada, com liberdade, na perspectiva de uma visão de mundo que marque a diferenciação institucional da UNISINOS, através de um projeto de Escola de Direito comprometido com a reflexão, com a crítica, com a dimensão política, filosófica e cultural de um curso cujo objetivo primordial, muito mais que formar técnicos nas diferentes disciplinas jurídicas, é formar cidadãos com capacidade política de intervenção social.

O peso dessa variável já fora sentido no processo de discussão da proposta, etapa que precedeu a sua construção. Uma vez construído o projeto político-pedagógico com a contemplação de diferenças formativas, sem olvidar-se a matriz político-pedagógica pretendida institucionalmente, passou-se à sua implantação, com a consciência das dificuldades a serem enfrentadas para o acontecimento/realização da proposta, a partir de um corpo docente bastante grande (aproximadamente 160 professores) e com referências bastante díspares em sua formação.

Tendo presente que a execução do projeto é um processo bastante dinâmico, vivo e em constante aperfeiçoamento, passou-se ao desenvolvimento de exercícios de observação, análise e interpretação do processo de implantação da proposta, visando, em seu devir, a adoção de estratégias metódicas que possam corrigir alguma deficiência apresentada ao longo de seus anos iniciais de vigência.

Os resultados desse processo de avaliação, como já era esperado e previsível desde os momentos iniciais de discussão para a elaboração do projeto, apontaram, fundamentalmente, para a necessidade da criação de algum mecanismo que pudesse conferir maior organicidade na execução da proposta por parte dos diferentes membros do seu corpo docente.

Com esse objetivo, passou-se a pensar em uma gama de alternativas didático-pedagógicas, e, nesse percurso, construiu-se a idéia de constituição de uma biblioteca básica. Num primeiro momento, concebeu-se tal proposta como uma série de volumes nos quais deveriam constar textos básicos, clássicos e fundamentais, dogmáticos-críticos e eminentemente reflexivos, referentes a cada uma das disciplinas que compõem a estrutura curricular do projeto político-pedagógico em vigência, os quais deveriam ser utilizados, majoritariamente e de diferentes formas, pelos professores, no exercício de suas cátedras. Entretanto, quatro motivos levaram a um reposicionamento da idéia inicial, no sentido de não mais compilarem-se textos de autores de fora da Escola de Direito da Unisinos, mas sim, de serem produzidos os textos pelo próprio corpo docente: o primeiro, decorrente de problemas relativos a direitos autorais; o segundo, consistente na dificuldade de encontrarem-se textos coerentes com a proposta político-pedagógica, especialmente em algumas disciplinas de natureza mais dogmática; o terceiro e o quarto, de caráter qualitativamente positivo, constituídos pelo fato de existir, no próprio corpo docente, uma considerável produção científica, tanto de ensaios quanto livros, bem como de haver, na própria Escola, um Programa de Pós-Graduação em nível de mestrado e doutorado, onde há uma fertilidade acadêmica quantitativa e qualitativa, a ponto de demarcar um espaço de respeitabilidade no âmbito nacional e internacional.

A partir dessa realidade, pensou-se a construção de uma biblioteca básica composta por livros elaborados para cada matéria, pelos próprios professores ministrantes das disciplinas, como forma de concretização efetiva da proposta que compõe o projeto político-pedagógico.

Este é um projeto para marcar época no ensino jurídico. Um projeto para marcar a diferença e a consolidação acadêmica da Escola de Direito da UNISINOS.

Assim, para contribuir na consecução dessa tarefa acadêmica, que reclamará a participação de todos os membros do corpo docente, lança-se este livro cujo conteúdo encerra uma reflexão dos autores – e do grupo responsável pela versão original do projeto político-pedagógico atual e de "Nova" Graduação[24] – sobre o ensino jurídico, fundamentadora do projeto pedagógico em vigência e que deverá servir de referência epistemológica para a seleção dos textos que constituirão a Biblioteca Básica do Curso de Direito da UNISINOS.

Com isso, acredita-se que haverá uma maior vinculação dos professores na execução de suas tarefas docentes com a concepção e objetivos do curso, bem como com o perfil de egresso pretendido, configurando-se, assim, uma maior possibilidade de concretização de uma meta fundamental da UNISINOS: a formação de uma Escola de Direito posicionada no panorama científico, de forma clara e inequívoca, em relação aos demais cursos do País.

O presente livro foi estruturado fundamentalmente sobre três textos distintos, os quais representam momentos diversos do trabalho dos

---

[24] Este grupo de trabalho foi constituído pelos professores: Prof. Dr. José Luis Bolzan de Morais, Prof. Dr. André Leonardo Copetti Santos, Prof. Dr. Jose Carlos Moreira da Silva, Profa. Msc. Maria Alice, Profa. Dra. Edla Eggert, além de, no primeiro momento, a Profa. Dra. Lia Becker.

autores dirigido à reflexão sobre o ensino jurídico. O primeiro escrito, cronologicamente, foi o último a ser construído, e condensa, de uma forma ampla, os substratos teóricos e práticos que fundamentaram os dois projetos pedagógicos elaborados para a UNISINOS, cujos textos compõem os capítulos seguintes.

Não tendo a preocupação de organizar um texto que formasse uma unidade seqüencialmente disposta, os autores optaram por manter os textos originais dos projetos político-pedagógicos, tanto do que está em vigência quanto o do que foi elaborado para a Nova Graduação. Dessa forma, poderão ser encontradas algumas informações nos três textos que poderão parecer tautológicas, mas que, na verdade, a sua manutenção representa a sedimentação de algumas idéias que foram se consolidando no processo reflexivo sobre o ensino jurídico.

Com este trabalho, tendo consciência de sua incompletude, esperam os autores, como membros do corpo docente e do corpo de pesquisadores da Escola de Direito da UNISINOS, não só ter contribuído para a consolidação do projeto político-pedagógico em vigência com a elaboração do volume de referência epistemológica da Biblioteca Básica, mas, também, com o desenvolvimento de uma prática reflexiva sobre o ensino jurídico no País.

3. Ensino jurídico, transdisciplinariedade e Estado Democrático de Direito. Possibilidades e perspectivas para o estabelecimento de um novo paradigma

> *O ensino do direito tem que se reconhecer comprometido com as transformações da linguagem, aceitar-se como prática genuinamente transgressora da discursividade instituída, como exercício de resistência a todas as formas de violência simbólica, isto é, como uma prática política dos direitos do homem à sua própria existência.*[25]

3.1. Considerações preliminares

O presente texto é o resultado de uma pesquisa realizada pelos autores sobre o ensino jurídico, cujo processo pode ser sistematizado cronologicamente em dois momentos.

A primeira etapa compreendeu a elaboração de um projeto político-pedagógico a ser executado pelo Curso de Direito da UNISINOS, cuja estruturação permaneceu ainda vinculada a uma lógica disciplinar, embora com pretensões de superá-la, na medida em que todo o desenho curricular privilegiou uma perspectiva interdisciplinar tanto na distribuição dos conteúdos ao longo do curso, quanto na comunicação que se buscou estabelecer entre os mesmos.

O segundo momento decorreu de um processo de reflexão sobre o ensino universitário que se projetou, como corolário inevitável, nas preocupações dos autores sobre o ensino jurídico, mas que, diferente-

---

[25] WARAT, Luis Alberto. *Epistemologia e ensino do direito*. Florianópolis: Fundação Boiteux, 2004, p. 375-376.

mente do primeiro, foi marcado pela pretensão de ruptura total com os modelos curriculares até então vigentes – disciplinares, eis que orientado e construído por diretrizes pedagógicas transdisciplinares e por um modelo não-disciplinar.

O projeto político-pedagógico resultante do primeiro momento de reflexão encontra-se em franca execução pelo Curso de Direito da UNISINOS e traduz, dentro das limitações de um desenho curricular disciplinarizado, um avanço em relação a projetos mais tradicionais, uma vez que carrega conteudística e formalmente uma série de inovações da pesquisa jurídica nacional e internacional, como, por exemplo, a constitucionalização dos ramos infraconstitucionais, a ênfase nos novos direitos e a flexibilização curricular. Já o projeto produto da segunda etapa de pesquisa encontra-se em uma nova fase de reflexão, visando ao estabelecimento de condições de possibilidades socioeconômicas para a sua implantação.

O texto que aqui se apresenta, apesar de ser o resultado dessas duas etapas de pesquisa, condensa, como resultado desse processo de investigação, considerações que compõem muito mais o segundo do que o primeiro momento, pois nele se encontram expressas orientações teóricas e práticas pedagógicas que visam à superação de obstáculos pedagógicos, os quais constituem uma das vertentes da deterioração cultural do ensino jurídico no País.

É preciso destacar, por outro lado, que este processo de investigação e revisão do ensino jurídico no País não se reduz a tais aspectos, permanecendo em pleno desenvolvimento, podendo-se referir, para tanto, a edição da Resolução CNE/CES nº 09/04, bem como o conteúdo do Parecer CES nº 329/04.

Nesta perspectiva, pensar o ensino superior nos dias atuais é tarefa que importa na compreensão dos aspectos macro que envolvem desde a sua oferta até a sua produção, como expressão pedagógica, sem desconhecer as especificidades locais e as missões peculiares a cada Instituição de Ensino Superior (IES).

Para tanto, é preciso ter presente que o ensino superior vem pautado por aspectos externos e internos. No viés externo, deve-se perceber as circunstâncias político-sócio-econômicas que lhe condicionam. No viés interno, importa interrogar os aspectos institucionais-normativos que orientam a atividade de ensino – em sua globalidade.

Sob a perspectiva externa, como definida acima, cremos que há algumas condicionantes que precisam ser consideradas estrategicamente nos dias atuais, tais como:

a abertura que se promoveu em direção ao ensino privado nos últimos anos;
- a multiplicação de IES;
- o surgimento de *redes de ensino* no âmbito privado;
- a capacidade de financiamento e inadimplência;
- a modernização tecnológica e infra-estrutural;
- a capacidade de gestão inovadora e de oferta.

Tendo isto presente, é preciso pontuar, também, que, para a compreensão do ensino jurídico brasileiro, deve-se buscar recuperar algumas de suas características tradicionais, como veremos a seguir, tendo, para isso, consciência da imprescindibilidade dos reais efeitos dos modelos históricos experimentados ao longo de mais de um século de bacharelismo jurídico no Brasil.

3.2. Breve diagnóstico: o ensino jurídico no Brasil

O processo de desconexão dos juristas em relação às demandas decorrentes das particularidades da sociedade brasileira desencadeou, há aproximadamente meio século, uma abordagem do ensino jurídico sob o viés de uma crise de paradigma até então não observada – ou escamoteada – e, tampouco, discutida. A constatação deste fenômeno deu margem, neste período que vai desde a década de cinqüenta até nossos dias, a uma intensa discussão acadêmica a seu respeito, bem como a uma sólida produção científica que abrangeu os mais diversos aspectos de uma crise sem precedentes. Os principais pontos destas investigações constituem o corpo de justificativas fundamentais que ora se apresenta como motivo para a abertura de um novo Curso de Direito, assim entendido não apenas cronologicamente, mas, principalmente, em seu aspecto qualitativo, conteudístico e pedagógico.

A título inaugural, é preciso destacar que a mentalidade liberal-individualista que norteou a trajetória dos principais movimentos sociais, dos quais resultou a autonomização política da sociedade brasileira, forneceu os mesmos ingredientes que nutriram a criação e a fundação dos cursos jurídicos no Brasil na primeira metade do século XIX.

Sob o aspecto político-funcional, um primeiro dado que precisa ser necessariamente considerado, para uma análise qualificada dessa crise de modelo, é o fato de que os Cursos de Direito no Brasil, tiveram uma função bem marcada na constituição do Estado nacional brasileiro, cuja institucionalização estrutural exigiu tanto a autonomização quanto – e sobretudo – a burocratização do aparelho estatal. Esta última exigência constituiu a principal finalidade dos primeiros cursos jurídicos, qual seja: formar a burocracia dirigente da sociedade brasileira. Desde 1827, com a fundação da Academia de Direito de São Paulo, os Cursos de Direito tiveram papel relevante na formação dos atores jurídicos dos locais de exercício do poder.

A partir da década de 30 do século passado, o bacharel em Direito teve seu espaço burocrático estatal reduzido pelo avanço de outros profissionais, especialmente os tecnocratas, que ganharam enormes espaços institucionais, notadamente durante o regime militar pós-64. Nesta nova etapa da organização sociopolítica brasileira, os cursos jurídicos, pressionados ideologicamente, passaram, paulatinamente, a constituírem-se em centros formadores de profissionais, em sua maioria desqualificados, que foram absorvidos em funções subalternas, havendo, com isso, uma diminuição da pressão da classe média com possibilidade de ascensão social. Os cursos, desde então, restringiram-se a uma visão positivista-legalista do fenômeno jurídico, consolidando uma postura pedagógica marcada pela glosa dos textos legais, sem qualquer preocupação crítico-reflexiva.

Esse modo de ser exegético é o símbolo maior do estado de desqualificação e distanciamento científico a que chegaram. Deixou-se – e ainda se deixa – de ensinar, o *direito* e a *justiça* para ensinar de forma precária, na maioria das escolas do País, a *lei*, através de comentários que tocam as raias da evidência ou do uso freqüente do argumento da autoridade. Observamos, com isso, uma crescente perda de significação social do Direito.

Como elementos componentes dessa conjuntura, as Escolas de Direito no Brasil, detiveram-se, em suas práticas de ensino, naquilo que podemos nomear de *éthos* ideológico com seus deslocamentos teóricos, oscilando entre o jusracionalismo e o juspositivismo. Sobre essa conjuntura teórica, construiu-se um modelo de ensino jurídico de baixa qualidade, totalmente distanciado da realidade social concreta, permanecendo os juristas e acadêmicos presos em realidades conceituais criadas por eles e que passaram a constituir o seu mundo de trabalho. Esta visão racionalista, num primeiro momento, impôs, aos Cursos de Direito um paradigma fundamentado no universalismo da razão, a partir de uma abordagem transcendental do mundo, e, mais adiante, uma metafísica natural, arraigada às leis da natureza.

Já na visão juspositivista, o modelo era formatado desde os dogmas do direito estatal onipresente, tendo como realidade fundamental um simples deslocamento das leis entre o príncipe, o legislador e o Estado. A expressão dessas matrizes construiu um "senso comum teórico" entre os bacharéis em Direito, impossibilitando-os de responder à pluralidade e às transformações do mundo contemporâneo.

Delineou-se, assim, a falta de capacidade de análise em relação a uma realidade cada vez mais plural e complexa e, conseqüentemente, em relação à diversidade de conhecimento que daí surgiu. Esta situação pode ser explicada, em boa medida, pela vinculação da crítica dos responsáveis pelas academias jurídicas ao discurso dominante emanado do poder. Como corolário, os discursos que estabeleceram um conflito com as posturas oficiais receberam, indistintamente, a predicação de um conhecimento jurídico ilegítimo e panfletário.

Grande parte dos Cursos de Direito ainda estão presos a este modelo – ultrapassado e descomprometido historicamente – e se constituem num dos mais tradicionais e resistentes focos da universidade no que se refere a mudanças e transformações. Suas características ainda estão ligadas ao velho modelo que privilegia o objeto e ao modelo discursivo centrado no professor. Neles, permanece a idéia de que bastam professores, alunos, códigos, manuais, salas de aula e um repertório de modelos práticos de processos juridicamente exemplares para a realização da formação jurídica do aluno. Relegadas a segundo plano, neste modelo tradicional, estão as atividades de pesquisa e extensão, e o desenvolvimento de uma visão crítica do fenômeno jurídico não figura como objetivo primordial a ser atingido.

Essa metodologia presa a um purismo normativista possibilitou a construção de clichês que distanciam os Cursos de Direito de todas as demais áreas científicas. O professor encontra-se separado do aluno e das atividades acadêmicas extraclasse; há uma impossibilidade de participação do aluno na construção dos conteúdos a serem desenvolvidos; prevalece a crença na sinonímia entre *lei* e *direito* e na possibilidade de incorporação do justo pelos operadores jurídicos, a partir do simples estudo dos textos legais.

Nesse contexto, o professor já traz o conteúdo pronto, e o aluno limita-se, com raríssimas exceções, a escutá-lo passivamente. A reprodução dos conteúdos feita pelo aluno, de forma automática e sem vacilações, é considerada como poderoso e suficiente indicador de que houve aprendizagem e de que, portanto, o produto está assegurado. A didática jurídica tradicional pode ser resumida em "dar a lição" e em "tomar a lição" nas verificações de aprendizagem. No mais, desconhece-se a realidade social concreta, em razão da própria positividade jurídica dogmática.

Como resultado disso, o sistema de avaliação adota, como parâmetro de referência, a exatidão da reprodução do conteúdo comunicado em sala de aula, não importando se o que se está lecionando não corresponda à realidade socioeconômica mediante a qual a lei se faz muitas vezes injusta. Mede-se pela quantidade e pela exatidão das informações que se consegue reproduzir. E o pior é que se ensina um Direito que não mais atende às necessidades existentes e emergentes, mas que será utilizado para legitimar um saber jurídico dogmático, insatisfatório e limitado.

Ora, tais matrizes não possuem qualquer função na sociedade contemporânea, se é que algum dia tiveram. Não há mais espaço e tempo para serem dispensados no culto a modelos totalmente ultrapassados e disfuncionais que contribuição alguma podem dar para o desenvolvimento de um projeto social humanista, visando à transformação social, no sentido de oferecer uma melhoria nas condições de vida a todos os cidadãos que necessitam de soluções do Direito para o atingimento de tal fim.

Esse perfil imposto ao ensino jurídico do Brasil inteiro acabou desembocando na atual crise do ensino, que teve seu apogeu nos anos 80, mas ainda permanece intensamente viva. Como conseqüência máxima dessa situação, o operador jurídico, egresso das instituições que oferecem um ensino superior tradicional, não consegue ir além das práticas advocatícias manualescas, sendo insatisfatório seu desempenho quando tenta enfrentar os conflitos numa sociedade que, historicamente, se construiu indiferente à solidariedade social e à idéia de democracia, como forma de convivência sustentada por um Direito ético e solidário. O Direito que se ensina aparece como um dos instrumentos que, dentro de uma sociedade plural, complexa/global e em crise, busca omitir e encobrir as diferenças sociais, econômicas, políticas e culturais existentes. Ele é utilizado, nesta perspectiva, para legitimar, por meio de normas positivas e de procedimentos formais, embasados teoricamente na igualdade e na liberdade, a existência de uma sociedade real, desigual e autoritária.

Não é possível esquecer que, sob outro aspecto, o fenômeno do Estado, ao qual esteve e continua a estar extremamente vinculado o Direito moderno, tem apresentado, nas últimas décadas, câmbios radicais que alteraram profundamente suas características e sua funcionalidade. Temos hodiernamente sistemas políticos estatais que cada vez mais se reduzem e, em contrapartida, observamos o crescimento, cada vez mais intenso, de instâncias políticas não estatais, que têm abrangido normativamente âmbitos progressivamente maiores e que antes eram abarcados pela atuação dos poderes públicos. Isto revela uma impotência do Estado em satisfazer todas as demandas que tradicionalmente lhe foram impostas, havendo, em razão desta situação, a necessidade de repensarmos os limites da atuação estatal, paralelamente à investigação de outras alternativas.

Essa tarefa torna-se inviável pelos modelos curriculares e conteudísticos tradicionalmente desenvolvidos nos Cursos de Direito. Não é mais possível estudar satisfatoriamente o fenômeno estatal contemporâneo, bem como a expressão jurídica do mesmo, sem imaginarmos uma transposição dos limites postos e impostos pela velha e ultrapassada dogmática, para a qual não há qualquer modificação fenomenológica que justifique a *reestruturação* do ensino jurídico.

A não-percepção, pela dogmática tradicional, desta crise do Estado moderno e de sua estrutura normativa tem sérios reflexos nos modelos de ensino jurídico conservadores praticados até hoje, uma vez que afasta qualquer possibilidade de transformação social pelo Direito ao deterem-se no estudo de fenômenos sociais cuja ocorrência não tem qualquer significado na configuração das condições sociais contemporâneas.

Em resumo, é possível arrolar, exemplificativamente, as seguintes características presentes no desenho da crise do ensino jurídico:

- predominância descontextualizada da matriz ideológica liberal-individualista, cujas potencialidades, para a solução dos conflitos contemporâneos, apresenta-se profundamente limitada;
- exagero na aplicação da lógica dedutiva, incorrendo, muitas vezes, em conclusões falsas baseadas em premissas verdadeiras e vice-versa;

- defasagem metodológica imposta pela manutenção da matriz legalista/positivista, com predominância do estudo através de uma postura exegética em que prevalece a análise semântica do texto legal, o que tem gerado uma conseqüente impotência analítica dos fenômenos contemporâneos;
- crença na idéia de que a ciência é isenta de valores, como forma de satisfação de uma necessidade de "pseudogarantia" de objetividade;
- ausência total de transdisciplinaridade;
- fragmentação do saber, reducionismo e subespecializações (a chamada "patologia do saber");
- desarticulação entre as atividades de ensino, pesquisa e extensão, senão valorização extrema de um modelo de ensino por meio da *transmissão* do conhecimento sem reflexão e com ausência marcante de atividades de pesquisa e extensão;
- projetos pedagógicos defasados, com ementários e bibliografias desatualizados, que impedem a sintonia do aluno com os problemas atuais e os avanços científicos;
- metodologia de avaliação indutora da memorização e da mecanização de conteúdos, com um uso excessivo de parâmetros quantitativos para a apreensão de uma realidade eminentemente qualitativa, com total abandono da verificação da capacidade de busca do conhecimento, da dúvida, da crítica e da reflexão;
- inexistência de produção do saber, uma vez que, na maioria das Escolas de Direito, somente há uma reprodução do saber dogmático, distante de problematizações e demandas reais, situação que tem limitado o desenvolvimento do espírito crítico;
- manutenção de "crenças" científicas sustentadas pela autoridade, a partir de posturas lineares de transferência de conhecimento – professor/aluno –, em que o primeiro, equivocadamente, tenta interpretar a experiência cultural para o segundo;
- falta de qualificação de grande parte dos corpos docentes das Escolas de Direito do País, especialmente em função do baixíssimo tempo de dedicação dos professores às atividades acadêmicas;
- inexistência de mecanismos de avaliação e aperfeiçoamento dos professores;
- não cumprimento, por parte dos profissionais do Direito, das funções sociais que lhes são atribuídas, situação que lança graves reflexos sobre a coletividade.

Tudo isso, dentre outros fatores, tem produzido necessidades de mudança das estratégias *de* e *para a* formação jurídica, o que pretendemos refletir na seqüência.

3.3. A tentativa de transformação do ensino jurídico. Da Portaria Ministerial nº 1.886/94 e a "novidade" da Resolução CNE/CES nº 09/04

Conscientes da complexidade e da gravidade da situação pela qual passava o ensino superior e, especialmente, o jurídico quase em sua totalidade, e pela qual ainda transitam um número significativo de escolas brasileiras, e cientes dos prejuízos para a vida social e institucional do País que tal herança estava e continua legando, o Ministério da Educação, por seu corpo de especialistas, acolheu uma quantidade significativa de idéias, sugestões e procedimentos formulados pelos pesquisadores, a fim de viabilizar a transformação do paradigma até então vigente para os Cursos de Direito no Brasil. O objetivo, então, foi estabelecer um padrão de qualidade para o ensino jurídico, atacando a massificação acelerada e desqualificada que até então estava sendo praticada e que vinha imprimindo uma série de características aos operadores jurídicos, não mais desejadas pela sua descontextualização com o novo momento sócio-político-econômico vivido no Brasil.

Desse processo resultou a elaboração e edição da Portaria nº 1.886/94 que, desde então, assumiu o lugar de principal instrumento direcionador e regulamentador dos novos padrões de qualidade desejados para todos os Cursos de Direito do Brasil, tendo como referência uma postura privilegiadora de uma formação jurídica pautada por quatro eixos.

O primeiro deles, *propedêutico*, composto por conteúdos tais como filosofia, introdução ao estudo do Direito, sociologia, ética, ciência política e teoria geral do Estado, dentre outros.

O segundo, *profissionalizante*, visando dar conta do conjunto de especialidades peculiares a atuação jurídica, iniciando-se pelo direito constitucional e passando pelos direitos administrativo, civil, penal, tributário, internacional, comercial, trabalhista e seus diversos procedimentos.

O terceiro, *prático*, representado pelas atividades de estágio supervisionado e pelo Núcleo de Prática Jurídica, em suas formas simulada e real.

O último, *flexível*, respeitante a uma carga horária necessária cumprir para a integralização curricular, a disposição do aluno e composto por atividades de ensino, pesquisa e extensão.

Além disso, a Portaria nº 1.886/94 inovou, impondo aos cursos jurídicos a exigência de *Trabalho de Conclusão de Curso* a ser apresentado perante uma banca examinadora, em sessão pública.

Mais recentemente, no curso do ano de 2002, o Conselho Nacional de Educação, por sua Câmara de Educação Superior, dando seguimento a esse processo histórico de renovação dos parâmetros orientadores do ensino superior no Brasil, estabeleceu uma série de balizamentos comuns a serem observados pelas instituições de ensino superior em relação a onze cursos de graduação, dentre os quais se encontra o Direito. Neste documento – o Parecer CNE/CES nº 146/02 –, foram determinadas diretrizes gerais e específicas para estes cursos.

Todavia, quanto às disposições constantes no Parecer CES/CNE nº 146/02 e referentes ao Curso de Direito, sérias críticas foram expressas por diversos setores envolvidos com a qualificação do ensino jurídico, sobretudo no que diz com a flexibilização de algumas das exigências presentes na Portaria nº 1.886/94, dentre as quais o tempo de duração dos cursos, alguns dos conteúdos exigidos e a opcionalidade do trabalho de final de curso.[26] Por outro lado, é de notar que este Parecer trouxe a inclusão de novos conteúdos, em particular, a psicologia jurídica.

Já em 2003, o CNE/CES editou o Parecer nº 67/03, que propôs a revogação do ato homologatório do Parecer CNE/CES nº 146/2002, no qual ainda se vê posto o debate acerca da definição das *Diretrizes Curriculares*, diferenciando-a dos *Currículos Mínimos*, que balizariam as IES na construção criativa, responsável e flexível de suas propostas curriculares, a partir das características já presentes no Parecer CNE/CES nº 776/97, da mesma forma que um tempo mínimo para duração dos cursos, na esteira do Edital nº 04/97.

---

[26] Neste sentido, merece destaque o conteúdo do Of. nº 113/02, do CEJU da OAB/CF, no qual foi manifestada a inconformidade desta entidade com o o tratamento contido no referido Parecer, alertando para o retrocesso nele evidente diante das tendências postas desde a Portaria nº 1.886/94 e de todo o debate que se travou ao longo da década de 90 acerca da formação jurídica.

Além disso, em 07 de maio de 2003, o mesmo CNE/CES aprovou o Parecer nº 108/03, que discute fundamentalmente os prazos de duração dos cursos presenciais de bacharelado, apontando para a necessidade de repensar as estratégias e modelos até então adotados em face das perspectivas postas pela Lei n. 9.394/96 (LDB), indicando, inclusive, princípios a serem observados, em que se percebe a valorização atribuída à flexibilidade organizativa a ser dada às IES, inclusive no que diz com o tempo de duração do curso,[27] de acordo com a disponibilidade e esforço do aluno, fazendo "pouco sentido" a adoção de regras férreas.

Saliente-se, ainda, a crítica expressa em referido Parecer às corporações profissionais:

> No contexto da flexibilização e da inovação sugeridas pela LDB, faz pouco sentido imaginar regras férreas para a determinação da duração dos cursos de graduação, cabendo, muito mais, alinhavar diretrizes, parâmetros, que sirvam de marco de referência para as instituições de ensino superior.
> Parâmetros flexíveis sobre duração de cursos, no Brasil, guardam imediata relação, senão conflito, com a existência de corporações profissionais detentoras do monopólio das regras de acesso à profissão.[28]

A partir desta e de outras constatações, refere o Parecer nº 108/03 que as ordens profissionais precisarão visualizar novas maneiras de certificação profissional, inclusive, à semelhança da OAB, através de exame específico, que não sejam estritamente amarradas a um currículo específico e a uma duração compulsória dos cursos.

Caminha, assim, este documento para o debate acerca de novas fórmulas político-pedagógicas de formação profissional, analisando a eventual possibilidade de se associar a licença profissional a ciclo pós-graduado, compatível com a existência de graduações de natureza acadêmica, genérica, desligada dos cânones profissionais, apontando para a fixação de um termo de três anos, com a integralização de 2400 horas como tempo mínimo para a obtenção do diploma de graduação, em particular, por meio de cursos novos, inovadores, em áreas não sancionadas pela tessitura legal corporativa, entre outras questões.

Outro aspecto a ressaltar diz com a medida de tempo a ser objeto de apropriação pelos cursos, abrindo-se mão dos *anos de duração* por outro parâmetro de medida, tais quais horas, volume de trabalho, etc.

---

[27] Ver Resolução CNE/CNE nº 09/04 e Parecer CES nº 321/04.
[28] Parecer nº 108/03, da Câmara de Educação Superior do Conselho Nacional de Educação.

Neste sentido, diz o Parecer nº 108/03:

> Na medida em que não for fixada a carga da jornada acadêmica, a duração dos cursos, medida em anos, transformar-se-á em parâmetro de reduzida importância, já que a simples variação do número de aulas diárias, ademais de outras circunstâncias, acabe produzindo relevante impacto sobre a efetiva duração, integralização, dos estudos necessários à obtenção do grau. [...]
>
> Anos de duração, embora relevantes do ponto de vista das comparações estatísticas internacionais, são constituídos por determinados – e internacionalmente compartilhados volumes de trabalho discente que emprestam aos anos sua significação fundamental.

Tomando tal discussão no âmbito da formação jurídica, é necessário que se a contextualize em face do conjunto normativo que a cerca ainda hoje, como indiretamente referido no Parecer nº 108/03.

No ano de 2004, retomando o debate permanente acerca da formação jurídica, foi editada a Resolução CNE/CES nº 09/04, que estabeleceu as *Diretrizes Curriculares* para os Cursos de Direito, trazendo algumas inovações, sepultando a polêmica Portaria nº 1.886/94 e forjando um modelo pedagógico – agora tornado obrigatório – pautado não por disciplinas, mas por conteúdos: *fundamentais*, incluindo economia, sociologia, filosofia, ciência política, psicologia, ética, antropologia e história; *profissionalizantes*, incluindo direito constitucional, direito administrativo, direito tributário, direito penal, direito civil, direito empresarial, direito do trabalho, direito internacional e direito processual; mantendo o *Estágio Supervisionado*, como prática jurídica, e as *Atividades Complementares* – sem a definição prévia de um percentual –; além de transformar a *Monografia de Final de Curso* em *Trabalho de Conclusão de Curso*, ainda obrigatório.

Assim, vê-se que o contexto do ensino jurídico permanece em aberto, seja porque os elementos que o orientam ainda não receberam uma conformação definitiva, apesar da Resolução CES nº 09/04, seja pelas crises que afetam os saberes e fórmulas instituídas para a pedagogia jurídica – o modo tradicional de ensinar Direito – e também aquelas que atingem as fórmulas jurídicas da modernidade – desde a criação do Direito até a sua aplicação, passando pelo monopólio detido pelo Estado e pela complexidade dos conteúdos juridicizados –, as quais implicam na necessidade de adoção de posturas novas, não apenas restritas a um arranjo de conteúdos, mas que representem uma *transgressão epistemológica* com as fórmulas de fazer, promover e ensinar Direito.

Poder-se-ia, então, questionar: qual o futuro do ensino jurídico? que papel deve cumprir a formação jurídica? o que precisa ser ensinado? qual o futuro das profissões jurídicas? quais as estruturas necessárias, suficientes e eficientes para cumprir com as estratégias e metodologias tomadas como parâmetros para a constituição de Escolas de Direito?

Para tais questões é que nos dedicamos, de ora em diante, na tentativa de apontar algumas das referências necessárias a conduzir um processo formativo para os futuros bacharéis em Direito/Ciências Jurídicas/Ciências Jurídicas e Sociais.

3.4. O futuro do ensino jurídico em um contexto de permanente transformação

Até aqui, traçamos algumas categorias constitutivas do debate que tem pautado os esforços para a transformação do ensino jurídico e que passaram a orientar a formação dos operadores do Direito nos últimos anos, bem como algumas inquietações ainda postas, mormente no que diz com o *quê*, *como* e *por quanto tempo* ensinar, presentes, sobretudo, no debate expresso nas manifestações do CNE, através de sua Câmara de Ensino Superior (CES), para que se tenha uma formação jurídica voltada para o futuro das atividades a ela conectadas, sem que se perca a referência às conquistas até então alcançadas.

Por um lado, observou-se como se constituiu uma compreensão demonstradora dos contornos históricos e das circunstâncias orientadoras da formação jurídica, delimitadas por um perfil ideológico de cunho liberal-individualista, o qual percebe o Direito e seu ensino como uma estratégia de adequação do mundo da vida às normas jurídicas, tendo, como atores, os indivíduos e, como postura, uma visão domesticada do mundo e uma pedagogia sustentada na posse estereotipada de um saber inquestionável a ser transmitido dogmaticamente.

De outro, e a partir do reconhecimento das deficiências e insuficiências de um tal saber e de uma tal formação diante de um contexto sócio-histórico-político-econômico e jurídico, no qual o Direito passa a ter um caráter transformador da realidade e privilegiar como seu agente não mais, ou apenas, os indivíduos, mas grupos, coletividades, multidões, assim como sofre os influxos de um processo de crise que abala suas fórmulas produtivas e modelos instituídos, produz-se um rearranjo no processo formativo aplicado ao Direito que visa dar conta deste novo contexto e que se reorienta desde uma perspectiva multi e interdisciplinar, voltando-se para uma educação humanista, problematizadora e sustentada em saberes diversos que conformam as necessidades para a construção do "novo" bacharel em Direito.

Esta última foi, sem dúvida, a perspectiva assumida pela Portaria nº 1.886/94 e toda a normatização posterior que organizou o ensino jurídico ao longo dos últimos anos, ainda em vigor, sobretudo após a edição e homologação do Parecer CES/CNE nº 67/03.

Percebe-se, assim, que uma profunda mutação epistemológica produziu-se nesta passagem. Todavia, é chegado o momento de revisitarmos tais saberes, em especial reavaliando hermeneuticamente a Lei n. 9.394/96 (LDB) e apropriando os sentidos postos pelo Parecer nº 108/03, para que possamos pensar o ensino do Direito voltado para o futuro, tendo presentes as inúmeras transformações que se operam no mundo contemporâneo, as tendências que se apresentam, as experiências passadas, bem como a contingência de formarmos profissionais que estejam apropriados de um conjunto de saberes que não mais se apresentem sob a forma de "caixas" isoladas ou estereótipos, mas que se constituam como instrumentos para um saber que se apresente como uma *abertura para o mundo*, e não o enclausuramento no domínio de *uma* técnica hermética.

É nesta perspectiva que se abre esta proposta de projeto didático-pedagógico para um novo processo de formação de atores jurídicos, tendo como referencial a transdisciplinaridade, a formação continuada/permanente e o desenvolvimento regional.

A partir destes pressupostos é que se pode dizer que esta proposta pedagógica tem como suporte três eixos orientadores:

O primeiro se sustenta em um projeto didático-pedagógico que tenha na construção da dignidade humana, como pressuposto permanente de construção dos direitos humanos, com o objetivo de privilegiar a *formação integral do ser humano*, e sustentada teoricamente nos princípios da transdisciplinaridade, inovação, ética, solidariedade e subsidiariedade.

O segundo, intimamente relacionado com o anterior e de caráter epistemológico, propõe que sejam postas em prática outras formas, conteúdos e estratégias de aprendizagem para o ensino jurídico, veiculado a partir de um projeto didático-pedagógico humanista, criativo, transformador e permanente, numa escolha clara por uma opção que prestigie os direitos humanos como linha condutora de todo o processo de construção do conhecimento do mundo jurídico.

Por fim, o último, fundamentado num necessário modo de ser constitucionalizado e constitucionalizante, como forma de concretização do projeto constitucional de sociedade, Estado e Direito. Este viés tem a finalidade de evitar para o que, há tempo, já alerta Streck, *in verbis*:

> Em síntese, a ausência de um ensino jurídico adequado ao novo paradigma do Estado Democrático de Direito torna-se fator decisivo para a inefetividade dos valores constitucionais. Acostumados com a resolução de problemas de índole liberal-individualista, e com práticas privatísticas que ainda comandam as salas de aula dos cursos jurídicos e os manuais jurídicos, os operadores do Direito não conseguiram, ainda, despertar para o novo. Do mesmo modo que, para Kägi, a posição que temos acerca da jurisdição constitucional implicará o tipo de Constituição que queremos, é possível dizer que *o modelo de ensino jurídico que praticamos está umbilicalmente ligado com o futuro da Constituição que teremos.*[29]

Assim, pode-se perceber os vínculos entre o saber jurídico promovido nas academias de Direito e as práticas jurídicas institucionalizadas nos espaços de atuação dos operadores jurídicos.

3.5. A necessária revisão do ensino jurídico

Por muitos e de há muito tempo, como já dito, vem-se debatendo os métodos, processos e conteúdos utilizáveis, além das infra-estruturas suficientes e necessárias à formação inicial do bacharel em Direito no Brasil. As sugestões e alternativas são as mais diversas, partindo de pressupostos epistemológicos dos mais variados e objetivando traçar os mais diferentes perfis.

Experiências se sucedem. Algumas permanecem, outras se esvanecem no ar. Resultados obtidos. Comissões constituídas. Reuniões realizadas. Avaliações feitas. E, a todo o momento, nos vemos diante de encruzilhadas questionadoras. Reformulações, revisões, transforma-

---

[29] STRECK, Lenio Luiz. *Jurisdição constitucional e hermenêutica. Uma nova crítica do direito.* Porto Alegre: Livraria do Advogado, 2002, p. 47-48.

ções. Dúvidas. Incertezas quanto a conteúdos, fórmulas, perfis, sistemáticas, parâmetros...

A Portaria nº 1.886/94, desde sua publicação, apareceu como o catalisador de todo este debate, produzindo concordâncias, dúvidas e críticas. Serve este instrumento normativo, até estes dias, como referência mínima para a organização didático-pedagógica e funcional dos cursos jurídicos. Dentre os seus méritos está o de recuperar o caráter humanista da formação do bacharel, além de conteúdos e fórmulas a serem aplicadas.

Talvez seja esta mesma a dinâmica própria de um sistema de ensino-aprendizagem e de seus mecanismos/instrumentos de avaliação de processos e resultados. Talvez sejam esta fluidez e este *eterno retorno* – para parafrasear Nietzsche – às alavancas propulsoras da busca incessante de novos e renovados caminhos que possam responder às angústias daqueles que se vêem envolvidos neste processo de formação de profissionais bacharéis-juristas, por um lado, atuando como professores, administradores, doutrinadores e, de outro, funcionando como partícipes-construtores de sistemáticas e instrumentos de condicionamento e avaliação do sistema jurídico de ensino.

Em livro organizado por José Eduardo Faria, há uma série de textos que, analisando questões do Direito e suas relações com a globalização econômica, permitem-nos supor algumas das conclusões que apontaremos a seguir. A partir do que diz Faria, na *Introdução*, a constatação da crise dos *Estados nacionais* e, por óbvio, do *direito* que lhe acompanha pode ser observada pela

> progressiva deterioração da organicidade de seu sistema jurídico, o virtual colapso do constitucionalismo e a crescente superação do equilíbrio entre os poderes, as quais não abrangem o todo do problema, pois, com [...] o fenômeno da globalização econômica, a partir da década de 80, também vão surgir outras rupturas institucionais nas estruturas jurídicas e políticas legadas pelo Estado liberal, no século XIX, e pelo Estado Social, no século XX.[30]

Tais aspectos podem ser referidos na mundialização da economia, na desconcentração do aparelho estatal, na internacionalização do Estado, na desterritorialização e reorganização do espaço da produção, na fragmentação das atividades produtivas e na expansão de um Direito paralelo ao dos Estados (*lex mercatoria*), direito inoficial, direito marginal, etc., constatando que a conseqüência de tudo isso é *o esvazia-*

---

[30] FARIA, José Eduardo (Org.). *Direito e globalização econômica. Implicações e perspectivas.* São Paulo: Malheiros, 1996, p. 10.

mento da soberania e da autonomia dos Estados nacionais. Assim, não há como negar que pensar o ensino jurídico implica ter presente as circunstâncias que envolvem *Estado* e *Direito* contemporaneamente, em particular, aquilo que diz respeito às funções e conteúdos do Direito, bem como o que se refere às funções do Estado contemporâneo e aos processos de fragmentação a que este se sujeita, seja em escala supranacional, seja em escala infranacional, pautada por todas as expressões da mundialização das formas de convívio e ação.

No mesmo livro, Faria afirma, a partir do texto de Dezalay e Trubeck, que:

> ao promover uma internacionalização dos direitos e das práticas jurídicas, [...] o fenômeno da globalização vem multiplicando as oportunidades profissionais para os grandes escritórios especializados em direito econômico transnacional e em 'lex mercatória', ao mesmo tempo em que também vem restringindo drasticamente o mercado de trabalho dos especialistas em "direito nacional" e com uma formação técnica meramente 'convencional', isto é, exclusivamente normativista e legalista.[31]

Assim, na esteira destas expressões e sem ficarmos limitados por elas, pretendemos afirmar que o ensino jurídico no Brasil, ou em outro lugar qualquer, precisa ser pensado e organizado levando-se em conta estas transformações, bem como prospectando o futuro das profissões jurídicas.

Com tais propósitos é que se opera a presente proposta didático-pedagógica desde as *circunstâncias* – histórico-institucionais e pedagógicas – que a seguir se apresentam, as quais irão orientar o perfil do egresso, suas competências e habilidades, bem como o desenho curricular para dar conta das mesmas, voltado para um ensino jurídico que se reconheça

> comprometido com as transformações da linguagem, como prática genuinamente transgressora da discursividade instituída, como exercício de resistência a todas as formas de violência simbólica, isto é, como uma prática política dos direitos do homem à sua própria existência.[32]

Ou seja: é necessário, neste momento, ultrapassar o que Mangabeira Unger[33] nomina como as duas etapas da cultura jurídica, a do antigo e a do novo formalismo, distante de qualquer serventia, seja

---

[31] Ibid., p. 13.

[32] WARAT, Luis Alberto. *Introdução geral ao direito. O direito não estudado pela teoria jurídica moderna*. Porto Alegre: Fabris, 1997, p. 44, v. 3.

[33] Cf. UNGER, Roberto Mangabeira. *Uma nova faculdade de direito no Brasil*. 2002, *passim*. (Mimeo).

teórica, seja prática, e incorporar perspectivas metodológicas, conteudísticas e pragmáticas aptas a darem conta desta nova fase da história humana, como pretendemos demonstrar na seqüência.

3.6. Circunstâncias histórico-institucionais

O primeiro aspecto a ser observado na estruturação da presente proposta diz respeito ao contexto histórico-institucional que se apresenta à formação jurídica, no qual se deve considerar duas circunstâncias que balizam, interrogam e projetam o saber jurídico para o futuro e, por conseqüência, as formas/fórmulas de saber e fazer direito.

É necessário ter presente a própria conformação dos objetos afetos à regulação jurídica contemporânea, em particular, quanto aos novos conteúdos e sujeitos, os quais levam a um duplo vínculo inaugural – os direitos humanos e o inafastável caráter político do ensino e do próprio direito –, que conduzem, assim, à necessária reflexão acerca dos novos espaços e fórmulas institucionais, em particular, vinculados às transformações sentidas pelas formas institucionais da modernidade.

3.7. O novo nas relações jurídicas

O primeiro aspecto a ser relevado diz respeito à *transformação do Direito*, o qual passa, quanto a seus conteúdos, por uma mudança radical desde o momento em que pretende regular situações de fato que não mais dizem respeito apenas às relações interpessoais, relações entre Caio e Tício, mas busca produzir normas que reflitam interesses de natureza transindividual, tais como os chamados interesses coletivos e difusos. Esta reviravolta impõe uma reforma profunda nos currículos das Faculdades de Direito, já que o ensino tradicional está, ainda e em grande número de instituições de ensino, voltado exclusivamente para o trato das pretensões de natureza individual, tanto que, quando nos colocamos frente a um conflito plurisubjetivo, percebemos a fragilidade de nosso esquema intelectual e buscamos racionalizá-lo como se tratasse de um amontoado de relações entre seres isolados, o que inviabiliza a racionalização jurídica dos mesmos, produzindo um contexto de expressiva *complexidade* das relações jurídicas.

Assim, é preciso ter presente que, ao modelo liberal-individualista, sucedeu o que poderíamos chamar de fórmula comunitária de apreensão jurídica das relações sociais, em que, no âmbito material, vivenciou-se a incorporação de situações novas veiculadas por meio de *novas demandas* refletidas em novas formas de vida e de relações sociais – os chamados *Novos Direitos*, tais os relativos às relações de consumo, às questões ambientais, às novas formas de vida, incluindo nessas, as lutas dos movimentos sociais e a tecnologia.

Por outro lado, deve-se, ainda nesta perspectiva, ter presente aquilo que poderíamos classificar como *pluralismo jurídico* pautado pela convivência tensa entre diversas ordens normativas, cada qual apropriando espaços, métodos e estratégias próprios. A emergência destes "direitos alternativos(!)" impõe que, seja qual for nossa posição frente aos mesmos, tenhamos alguma estratégia para o ensino jurídico que preveja o trato desta que parece ser, ao menos por ora, uma tendência de emergência de sistemas jurídicos concorrentes àquele do Estado (oficial), por exemplo, a possibilidade de construção de ordens jurídicas sociais propostas por grupos restritos da sociedade – empresariais, associativos, marginais, etc.

Dessa forma, o ensino jurídico precisa ter presente este certo "pluralismo jurídico" da sociedade contemporânea, não se abstraindo na sua visão tradicional, que tem como paradigma o direito estatal, na esteira do monismo jurídico e da idéia de direito individual projetada como direito subjetivo.

Neste mesmo campo de reflexões, não se pode olvidar que, a partir das transformações substanciais por que passa o Direito, bem como em face das mudanças de origem das normas de conduta, as quais advêm não apenas do Estado, mas de outros *loci* – nacionais, internacionais, transnacionais, públicos, privados, públicos não-estatais, marginais, etc. –, como referido, impõem-se, também, novas fórmulas de resolução de conflitos que são apropriadas por esta pluralidade normativa e dotadas de estratégias diversas do método conflitivo próprio ao Direito do Estado.

Nesta perspectiva, é preciso que se considere, ainda, a problemática das *funções do Estado contemporâneo*, em particular a que diz respeito à sua *atividade jurisdicional*, sem que, com isso, se negligenciem as mudanças que o atingem em outros locais.

No que concerne aos aspectos procedimentais – ou de tratamento dos conflitos de interesse –, do mesmo modo, vivenciou-se uma transformação radical operada não apenas diante da incorporação destes novos conteúdos, que impuseram a elaboração de instrumentos específicos para a solução dos litígios, mas também levando em consideração, procedimentalmente, a emergência de interesses transindividuais – coletivos e difusos –, tais como as chamadas *ações coletivas*.[34]

Com isso, passou-se a operar com conteúdos e procedimentos até então desconhecidos à regulação jurídica, os quais impuseram uma revisão da teoria e da prática jurídicas e, por conseqüência, do ensino do Direito para dar conta deste inusitado arranjo institucional.

Assim, quanto à sua atividade jurisdicional, a transformação mais visível que percebemos, fruto, em grande medida, do debate acerca da *crise da administração da justiça*, mas, também, como dito anteriormente, do pluralismo jurídico vivenciado, é aquela que recoloca em cena os nominados *mecanismos alternativos de solução de controvérsias – arbitragem, mediação, negociação* – como fórmulas aptas a responderem a certos tipos de conflitos, em especial aqueles que envolvem interesses de natureza disponível, ou privilegiados por alguns destes novos espaços normativos – veja-se, a respeito, a Lei n. 9.307/96, fazendo (res)surgir o que alguns chamam de *justiça privada*.

Tem-se que considerar que esta recuperação dos métodos de *justiça consensual, shadow justice* ou *justice de proximité* implica uma revisão das posturas do jurista tradicional frente à sua atuação como intermediador de trocas jurídicas, bem como abre espaço para um novo tipo de operador do Direito, qual seja o mediador, o conciliador, o árbitro.

Deve-se, então, questionar: estão os cursos jurídicos preparados para formarem estes novos operadores do direito ou dos "direitos"?

Sintetizando, parece que vivemos um período de multiplicação das fórmulas e dos espaços jurídicos. Precisamos, é verdade, estar preparados tecnologicamente – em face das transformações que apontamos –, mas também necessitamos estar conscientes do que tais transformações significam e implicam para que possamos, em uma perspectiva transdisciplinar, inovadora, ética e solidária, participar ati-

---

[34] Ver, para tanto, MORAIS, Jose Luis Bolzan de. *Do direito social aos interesses transindividuais. O Estado e o direito na ordem contemporânea.* Porto Alegre: Livraria do Advogado, 1996.

vamente do processo de construção de um saber pautado por um projeto de desenvolvimento inclusivo e de formação de cidadanias ativas.

Aliado a tudo isso, no caso brasileiro, ainda tivemos a promulgação de uma nova Carta Constitucional – de caráter marcadamente socializante –, alicerçada na concepção de Estado Democrático de Direito e em uma base principiológica conduzida por uma postura teórica de cunho comunitário.[35]

3.8. Novos espaços/fórmulas institucionais

Desde uma outra perspectiva, é preciso que uma proposta pedagógica inovadora para um curso jurídico tenha presente os aspectos político-institucionais que, ao longo da modernidade, orientaram e delimitaram as práticas jurídicas e, desde meados do século XX, sofreram o influxo de uma série de fatores que apontam para o que podemos nominar de uma *crise dos programas institucionais da modernidade.*

Neste sentido, é preciso ter em conta que o Direito – moderno – limitou-se ao modelo jurídico monopolizado pelo Estado, seja no tocante à sua produção (legislação), seja no que diz respeito à sua aplicação (execução e, em particular, jurisdição), e que nos vemos mergulhados em um contexto de profundas transformações, sob o impacto de fatores desconstitutivos de tal paradigma, de um lado, e, de outro, como referido, de um amplo espectro de mutações intra-sistêmicas.

Portanto, faz-se necessário levar em consideração que o Estado – moderno –, como *locus* privilegiado e exclusivo do Direito, ao longo do tempo, tem perdido sua centralidade, bastando, para isso, que revisitemos algumas circunstâncias conformadoras de tais aspectos, circunscritos no que podemos chamar de *crises do Estado*.[36] Tais crises podem ser, resumidamente, assim definidas: conceitual, estrutural, institucional/constitucional, funcional e política.

---

[35] Ver CITTADINO, Gisele. *Pluralismo e justiça distributiva.* Rio de Janeiro: Lumen Juris, 2002, *passim*; e, também, STRECK, *op. cit., passim.*

[36] Ver, para tanto, MORAIS, José Luis Bolzan de. *As crises do Estado e da Constituição e a transformação espacial dos direitos humanos.* Coleção Estado e Constituição. Porto Alegre: Livraria do Advogado, 2002. v. 1.

A primeira delas – crise conceitual – é reflexo imediato da perda de sentido dos elementos caracterizadores do Estado, sobretudo aqueles que dizem com o *território* e, em particular, com a noção de *soberania*. Um conjunto de fatores impõe a fragilização profunda de tais conceitos, podendo-se referir, entre estes, os espaços supranacionais, as corporações econômicas transnacionais, a macrocriminalidade, etc., estabelecendo um espaço de concorrência com aquele – o poder do Estado – tido, até então, como supremo.

Ao lado, temos a crise estrutural, que é relativa à expressão contemporânea do Estado, ou seja, o modelo de Estado de Bem-Estar Social, sobretudo quando se tem em consideração o *déficit* de financiamento sentido a partir do início da década de 70, ocasião em que os custos das políticas públicas superaram os orçamentos públicos, causando uma reviravolta no âmbito dos direitos sociais, em particular, por intermédio das respostas ditas neoliberais.

Em terceiro lugar, deve-se reconhecer a ocorrência de dois outros fatores de crise. Um dizente, como conseqüência da crise conceitual, à perda de exclusividade das funções públicas, quando o Estado deixa de ser o único a legislar, executar e aplicar o direito, promovendo, paralelamente, um jogo competitivo entre as funções públicas que buscam, umas em relação às outras, compensar as perdas através da apropriação de práticas historicamente vinculadas a outras, ou seja, é o Legislativo buscando ocupar o espaço da jurisdição, e esta, do Executivo, enquanto este último busca incorporar, cada vez mais, atribuições de caráter legislativo. O outro fator reflete a perda de sentido da estrutura institucional do Estado moderno – o Estado constitucional –, atingido pela fragilização do próprio Estado enquanto tal, no âmbito do Estado nacional, mas ganhando contornos novos como fórmula insuperável de pacto instituinte da vida em sociedade, agora em escala mundial.[37]

Por fim, deve-se referir, ainda, a crise política, como crise do modelo democrático dos "modernos" – democracia representativa –, percebendo-se que o modelo de democracia adotado torna-se incompatível com a lógica das demandas de agilidade das decisões, marcadas pela lógica econômica de um modelo de capitalismo que abandona, cada vez mais, sua forma produtiva e adquire um perfil financeiro, apontando para a sua fragilidade e/ou para a adoção de estratégias

---

[37] Cf. CANOTILHO, J. J. Gomes. *Direito constitucional*. Coimbra: Almedina, 2002, *passim*.

novas, tais como aquelas apresentadas pelas formas participadas de condução e de criação de decisões políticas.

Este contexto político-institucional, diante das implicações que põe à fórmula política da modernidade e ao seu modelo de regulação jurídica, aprofunda as deficiências de um modelo de ensino jurídico que tem no Estado e no seu direito a sua referência fundante.

3.9. O mundo: novo espaço de relações sociojurídicas

O processo de mundialização, assim como a globalização econômica, implica uma radical mudança no perfil do Estado contemporâneo[38] da mesma forma que em sua institucionalização, particularmente em seu caráter soberano, o que inexoravelmente se reflete sobre a sua capacidade de auto-organização, e que, no âmbito de uma nova postura frente à formação jurídica, precisa ser levado em consideração.

Deste processo derivam conseqüências significativas na medida em que a fragilização das estruturas estatais e a perda de sua centralidade exclusivista e superior fazem repensar a estrutura institucional do Estado, posto que estas foram sempre o reflexo da ocorrência do poder soberano dos Estados nacionais dotados de um território – elemento objetivo – e de um povo – elemento subjetivo – *sobre* e *para* os quais se constituíam e organizavam, em um documento legislativo supremo – Constituição –, as formas e os conteúdos da vida política e social da comunidade.[39]

Assim, constrói-se um quadro em que essa soberania compulsoriamente partilhada, sob pena de acabar ficando à margem da economia

---

[38] Sobre o tema, consultar MORAIS, José Luis Bolzan de. As crises do Estado contemporâneo. In: VENTURA, Deysi (Org.). *América Latina: cidadania, desenvolvimento e Estado*. Porto Alegre: Livraria do Advogado, 1997.

[39] Desde esta perspectiva e do agigantamento do poder privado, que faz sombra à tradicional suprema potestade estatal, implicando, muitas vezes, a sua incapacitação em reagir ou controlar as decisões tomadas alhures, ou mesmo ter de se adaptar aos interesses e vontades do capital transnacionalizado, em um mundo onde, como diz J. E. Faria, a globalização econômica está substituindo a política pelo mercado, como instância privilegiada de regulação social, onde um pluralismo jurídico marcado pela desinstitucionalização do Direito açambarca cada vez mais espaços – *lex mercatoria*, direito marginal, etc. – ou a *pax americana* imposta pelas possibilidades militarizadas de definir os rumos da política em alguns locais do planeta –, é preciso que a formação jurídica, projetada para o futuro, tenha presente as implicações que se apresentam para o *novo bacharel* em Direito.

globalizada, tem obrigado o Estado-nação a rever sua política legislativa, a reformular a estrutura de seu direito positivo, a redimensionar a jurisdição de suas instituições judiciais mediante amplas e ambiciosas estratégias de desregulamentação, deslegalização e desconstitucionalização, implementadas paralelamente à promoção da ruptura dos monopólios públicos, que induz, inevitavelmente, a uma formação jurídica que, criticamente, tenha capacidade de intervir qualitativamente nestas novas relações.

Neste quadro dramático de concorrência de *poderes*, a articulação entre estes diversos espaços muitas vezes aponta para a flexibilização – para usar um termo da moda – do constitucionalismo, em sentida fragilização das conquistas sociais obtidas ao longo de séculos de luta cidadã, bem como para uma valorização substancial das relações econômicas planetárias, do comércio internacional – no qual as questões adstritas aos problemas de propriedade intelectual ganham transcendência –, da construção de novos espaços institucionais – tais como aqueles advindos dos processos de integração regional –, dos direitos humanos em suas novas dimensões – meio ambiente, desenvolvimento sustentável, ingerência, paz –, das "novas economias delitivas" – macrocriminalidade (tráfico de drogas, armas, pessoas, etc.) –, e, até mesmo, para um "novo" constitucionalismo de escala global (constitucionalismo mundial).

É necessário ter presente que tais questionamentos devem vir acompanhados por uma leitura estratégica de um dos temas mais centrais para os homens, qual seja, os direitos humanos,[40] conduzindo a uma percepção não apenas das transformações que se operam nos conteúdos tidos como próprios dos mesmos – e aqui observamos que, como adverte Norberto Bobbio,[41] os direitos humanos não nascem todos de uma vez, eles são históricos e se formulam quando e como as circunstâncias sócio-histórico-políticas são propícias, e é por isso que se fala em gerações de direitos humanos –, como também da necessidade que temos de dar-lhes efetividade prática, desde uma perspectiva globalizante, então, sob a lógica humanitária com os devidos matizes.

Este parece ser o grande ponto de estrangulamento de inúmeras questões ligadas ao ensino jurídico atualmente. De um lado, é preciso

---

[40] Não vamos nos preocupar, por ora, com a distinção possível de ser feita entre direitos humanos e direitos fundamentais, para o que remetemos a SARLET, Ingo Wolfgang. *A eficácia dos direitos fundamentais*. 3. ed. Porto Alegre: Livraria do Advogado, 2003.
[41] Cf. BOBBIO, Norberto. *A era dos direitos*. Rio de Janeiro: Campus, 1996.

dar conta de uma formação que forneça os elementos necessários a uma atuação pautada, ainda, pelo ambiente nacional, mas, de outro, é imperioso que, projetando-se para o futuro, esteja aberta a um *Novo Mundo*, onde os âmbitos e ambientes exigirão um conjunto de conhecimentos, competências e habilidades características.

Pode-se sugerir, assim, que, neste quadro, mais do que as estratégias normativas com base constitucional, é o próprio sentido do poder político democrático representativo que se dilui, se transforma e se projeta para outros espaços, exigindo, do bacharel em Direito, uma nova formação.

3.10. Circunstâncias pedagógicas

Tomando tais pressupostos é que se pode dizer que as bases e circunstâncias pedagógicas para a formação de um *novo bacharel em Direito*, instalado num espaço mundial que interage com o nacional e o local, deve ter por opção uma incidência formativa que tenha presente que a transcendência dos limites geográficos da organização normativa das relações sociais implica em que um projeto inovador deva pressupor, como eixo indicativo de seu suposto pedagógico, a *mundialização dos vínculos sociais*, privilegiando, assim, uma abordagem também mundializada do direito, inclusive desde o viés do domínio da linguagem, como ora se pretende a partir da compreensão do ineditismo a que estamos submetidos.

Neste sentido é que se pode recuperar o pensamento de Paulo Freire[42] a partir do seu conceito de *inédito viável,* conseqüência das *situações limites* analisadas por ele como desencadeadoras de todo processo de busca do aprender, do enfrentar e superar um problema, como instrumento indicativo da presente proposta.

Homens e mulheres reagem de várias formas frente às *situações limites*: acreditam não poder enfrentar o limite; não o querem enfrentar ou o encaram como algo que existe, precisa ser enfrentado e buscam formas de fazê-lo. Quando uma situação-limite é percebida criticamente, como neste último caso, há um distanciamento daquilo que incomodava e a admissão de que existe um problema *percebido-destacado*

---

[42] Cf. FREIRE, Paulo. *Pedagogia da esperança.* 11. ed. São Paulo: Paz e Terra, 1997, *passim.*

que passa a ser o *tema-problema* encarado, discutido e superado, descobrindo, assim, o *inédito-viável*.

Este tem sido o eixo de toda argumentação para uma nova graduação em Direito. E pensar o ensino jurídico para o futuro implica necessariamente a revisão histórico-epistemológica, como acima realizado, tendo presente os limites sentidos não apenas pelo modelo tradicional de ensino jurídico, como, também, como percebido por Mangabeira Unger e, em um sentido epistemologicamente diverso, por Luis Alberto Warat – dentre outros, e com as diferenças que lhes são inerentes –, pelas formas adotadas em todas as reformas do ensino projetadas e postas em prática, em particular, nas duas últimas décadas.

Como visto anteriormente, o ensino jurídico passou, neste período, por uma profunda transformação, tendo como resultado particular a Portaria nº 1.886/94 e, agora, a Resolução CNE/CES nº 09/04.

Entretanto, desde uma posição privilegiada, historicamente expandida, percebe-se que o problema central do ensino jurídico brasileiro não conseguiu libertar-se de uma fixação enciclopédica, exegética e escolástica, muito embora tenha incorporado um sem número de conteúdos novos, direcionados por uma orientação humanística de viés crítico, como posto nos termos da referida Portaria nº 1.886/94 e demais regras que se seguiram.

Como diz Warat,

> Amparado numa tradição de utopias fracassadas, o professor de Direito encena seu amor vencido pela lei, em nome de um conjunto atrofiado de valores. Empolgado de fracassos, organiza um simulacro discursivo que empresta um princípio soberano de enunciação para guardar segredo de uma submissão sublimada ao poder.[43]

Sem se dar conta das transformações impostas aos modelos jurídicos da modernidade, seja pela incorporação de novos conteúdos, seja pela insuficiência dos instrumentos clássicos para apropriar a faticidade do direito atual, em particular pela transformação dos *loci* e das formas de produção e realização do Direito, o ensino jurídico continua operando a partir de *fantasias perfeitas*, como sugere Warat, a partir de um *pensamento idealista das verdades que retomam constantemente suas frustrações para preservar o fracasso de um programa autônomo de vida*, ancorado em um *juridicismo* como

> um grande caldeirão de sonoridades que determinam condições alienadas de passividade: uma overdose de crenças, verdades reveladas, valores banaliza-

---
[43] WARAT, *Introdução Geral ao Direito*, p. 42.

dos, sentidos de posse que destroem os esforços de instauração de uma sociedade autônoma.⁴⁴

Neste sentido, é preciso que se avance pedagogicamente, tendo presentes os requisitos postos, os atores envolvidos, as demandas sociais, os aspectos mercadológicos, transformações político-institucionais, as perspectivas de futuro, mas, sobretudo, uma postura pedagógica alicerçada em um projeto ético humanitário que vise à formação de atores jurídicos novos.

Assim, deve-se considerar que, partindo da constatação das insuficiências e deficiências das respostas pretendidas para a nominada *crise do paradigma clássico do ensino jurídico* desde o reconhecimento, por um lado, de seus *limites didático-metodológicos* – posto que não ultrapassou, malgrado as tentativas pontuais experimentadas, a forma clássica de ensinar direito – e, por outro, de seus *limites conceituais* – dado que não conseguiu incorporar efetivamente a compreensão da exaustão dos modelos tradicionais de prática jurídica –, é preciso superar tais limitações.

Na busca de respostas a estas demandas pretende-se, aqui, apresentar as bases de uma nova proposta de graduação em Direito – tomando como paradigma as referências acima elencadas –, que aponta para uma postura que não se limita à incorporação de conteúdos ou de métodos pontuais e um ensino que continue vinculado a propostas disciplinares, dogmáticas, conceitualmente herméticas e veiculadas através de uma prática docente descomprometida, sem se dar conta de que "criar um aluno é uma tarefa social que nos compromete com a criatividade. Cria-se, tornando criativo o outro. O pai-professor tem de saber que não educa para que o aluno seja seu".⁴⁵

De maneira que, na dialética de ensino-aprendizagem, criar o outro criativo é ter presente um processo de ensino objetivando o desenvolvimento da capacidade de engajamento numa práxis transformadora. E, se nesse caso, está em processo a formação de um jurista, então é preciso que se enfrente todo um campo de arquétipos que precisam, segundo Warat, ser desmistificados.⁴⁶

A perspectiva do ensino do Direito deve ser tomada, ensina Warat, "como uma prática de inscrição nas dimensões simbólicas dos

---

⁴⁴ WARAT, *Introdução Geral ao Direito*, p. 42, 45 e 49.
⁴⁵ Ibid., p. 174.
⁴⁶ Id. Ibid.

direitos humanos e da democracia",[47] a fim de contribuir para a educação de personalidades profundamente comprometidas com a dimensão ética da dignidade e da solidariedade.

Para construirmos um Estado Democrático de Direito, sustentado em projeto humanitário (direitos humanos), precisamos privilegiar como pedagógicas as posturas afetuosas, que ensinam com mais eficácia do que qualquer retórica dogmática eficiente. A presença de cada um no mundo, com o mundo e com os outros implica no conhecimento inteiro de si mesmo. E Warat, reforçando tudo isso, esclarece que

> A ética do ensino tem que descansar na aprendizagem da dignidade e da solidariedade e não na demonstração cerimoniosa e ideológica de certos preconceitos estereotipadamente instituídos. O espaço da sala de aula deve ser convertido num território de cumplicidades lingüísticas, isto é, de desejos e amores, de reconhecimentos dos outros. Numa sala de aula o saber tem que servir para que aceitemos as diferenças, sem esperar que o outro nos devolva a imagem esperada de nós mesmos.[48]

Assim, uma nova prática do ensino jurídico deve estar voltada não apenas para as inovações e contingências do mundo contemporâneo e de suas instituições, negando-se *a pensar que o discurso dogmático só se deixa pensar dogmaticamente. Mais do que de um método* pode, também, se apoiar em *estratégias de abalos*, deslocando seus efeitos de *uma discursividade que se nos apresenta como alienante, repressiva ou saturada* para promover a construção compartilhada de saberes e comportamentos adequados a uma formação.[49] Não apenas refletindo e questionando os seus paradigmas, como também projetando condições e possibilidades de sua permanência e transformação, mas que, para além desses paradigmas, se apresentem como viabilizadores de um modo de saber em consonância com práticas em constante mutação, desaparecimento, ressurgimento, ou seja, um modo de aprender que dê condições para todos aqueles que o constituam.

O *processo* visibilizado vai provocar a troca de experiências entre as pessoas envolvidas na docência e discência, possibilitando que as dúvidas e as descobertas possam ser partilhadas. E, ao fazer isso, superar-se-á a "marca pedagógica" da prepotência acadêmica, do suposto saber impregnado em nosso cotidiano docente, no que diz respeito à condução pedagógica dentro da sala de aula.

---

[47] WARAT, *Introdução Geral ao Direito*, p. 60.
[48] Ibid., p. 61.
[49] Ibid., p. 61-64.

Quando se escreve e se descreve o processo sobre como foi que se chegou a um determinado conhecimento, desmistifica-se o poder do saber. Um saber que não se constrói sem sofrimento, mas que também possui muito de muitos prazeres. Seguindo nesse raciocínio, ao fazermos esse tipo de exercício – individual, mas também coletivo –, vamos nos encaminhar para a construção de uma avaliação na graduação que não mais limitar-se-á ao espaço da *sala de aula bancária*, onde o conhecimento é oferecido como um produto final.

Assim, pode-se dizer que o *Projeto Político-Pedagógico* aqui defendido tem seu suporte alicerçado nos pressupostos construídos historicamente pela comunidade acadêmica de Direito, em especial, os aspectos materiais que norteiam a Resolução CNE/CES nº 09/04, não deixando de ancorar-se nos pressupostos hermenêuticos presentes na LDB, bem como na nova pauta de debates presentes nos Pareceres antes mencionados e instigadores de uma visão de futuro comprometida com uma formação humanista, dialógica, facilitadora, transformadora e comprometida com a construção de uma *sociedade democrática de direito como suporte para um Estado Democrático de Direito*.

É isso que vai conduzir, de ora em diante, a construção desta proposta, visando formar profissionais qualificados para o exercício das atividades pertinentes aos operadores jurídicos, conscientes de sua participação nos processos de transformação da sociedade, do Estado e do Direito brasileiros, enquanto atores históricos capazes de atenderem às demandas da cidadania e do desenvolvimento econômico e científico, pautados por um compromisso ético e transformador da realidade e do fenômeno jurídico, insertos em um novo contexto histórico do Direito frente às transformações institucionais sentidas pela sociedade contemporânea.

Para tanto, busca-se:

Proporcionar referência teórica e experiência concreta, desde uma *base formativa transdisciplinar*, para a implementação dos parâmetros que ensejarão a qualidade do ensino, da pesquisa e da produção acadêmica, bem como da extensão, visando o exercício competente e a qualificação cada vez maior das atividades profissionais;

Qualificar os alunos para assumirem suas atribuições e deveres sociais como operadores jurídicos aptos e responsáveis a desenvolverem suas atividades técnico-jurídicas em sintonia com a realidade social e fundadas em referenciais humanistas, éticos e solidários, *comprometidos com o desenvolvimento regional;*

> Criar condições para que os discentes construam a consciência da importância que o exercício de suas atividades profissionais tem como possibilidade de realização e exercício da cidadania, em função de poder proporcionar avanços sociais, econômicos e culturais, através da efetivação dos direitos e do Estado democrático, preparados para um *processo de formação continuada através da atitude investigativa, viabilizando relações com a pesquisa jurídica, buscando compreensão do novo*;
>
> Implementar uma *formação geral* suficiente para a prática das diversas funções, bem como uma *formação específica* para o domínio dos saberes novos dos novos espaços e formatos do conhecimento.

Com isso, o bacharel em Direito egresso deste modelo deverá ser aquele que, além de agregar informações técnicas, seja um *jurista* apto a interagir na sociedade brasileira, congregado valores éticos a uma sólida formação teórico-metodológica. Esta percebida não apenas como o manuseio de textos legislados, mas como interação do saber jurídico com a dinâmica de uma sociedade estruturada como Estado Democrático de Direito.

Os Cursos de Ciências Jurídicas e Sociais (Direito), atendendo a diretrizes não só externas, mas também orientações institucionais, deve ter, como referência pedagógica, os princípios de direitos humanos, que, considerados contemporaneamente como pressupostos ético-substanciais juridicizados, funcionam como possibilidade de manutenção da dignidade humana. Tarefa esta a ser permanentemente construída em nosso cotidiano e, especialmente, dentro da sala de aula, nas investigações, nas atividades extracurriculares, enfim, em todos os momentos de nossa existência, com a construção de um espaço solidário para o desenvolvimento da liberdade coletiva, cuja principal virtude revela-se na potencialidade de derrogação do modelo tradicional de ensino jurídico, calcado em cima de um modelo de Estado autoritário e juridicista, construído sobre um paradigma de direito de características eminentemente legalistas.

Desejamos, por isso, anunciar um perfil de egresso que tenha como desafio constante a atitude investigativa perante as temáticas apresentadas nesse curso, a fim de construir de maneira responsável e comprometida, individual e coletivamente, com o exercício de uma nova postura frente aos conteúdos investigados no mundo do saber jurídico.

Considerações finais

Portanto, constitui-se em aprendizagem fundamental e constante a ser desenvolvida no egresso a percepção do fenômeno jurídico para além da idéia e das práticas ligadas à coação, buscando-se garantir as condições de dignidade da pessoa humana pelo desenvolvimento de sua subjetividade, do respeito ao altero, à vida, à privacidade e à intimidade; às garantias materiais de existência e o exercício da cidadania. E, para tanto, dentro do universo de possibilidades que temos à disposição, como juristas, cremos que as possibilidades que devemos apresentar aos alunos não devem restringir-se às opções de soluções por formas judiciais, mas devemos, também, estender as habilidades, direcionando-as a solucionar conflitos por mecanismos extrajudiciais.

Por fim, é importante frisar que, se, por um lado, o projeto de sociedade, Estado e Direito, consistente no paradigma de Estado Democrático de Direito, positivado na Constituição de 1988, criou a necessidade de uma ampla revisão conteudística nas disciplinas tradicionalmente ministradas nos cursos jurídicos, por outro, abriu enormes possibilidades para se repensar o formato, a estrutura e a dinâmica didático-pedagógica dos Cursos de Direito, cujo modelo hegemônico remonta aos primórdios do ensino jurídico no país.

A partir de referenciais principiológicos e hermenêuticos constitucionalizados, tais como a cidadania, a dignidade da pessoa humana, o pluralismo, o bem comum, a necessidade de construção de uma sociedade livre, justa e solidária e uma orientação política não mais voltada somente ao indivíduo, mas, noutro sentido, a toda coletividade, que corporificaram a ruptura com os modelos constitucionais anteriores – majoritariamente liberais-individualistas –, a presente proposta de curso busca devolver, aos cursos jurídicos, toda uma carga de significação política que lhe foi suprimida por um modo-de-ser dogmático-exegético-legalista-positivista-individualista que se estruturou pedagogicamente sob a forma disciplinar.

Nesse sentido, o distanciamento da fragmentação disciplinarizada foi pensado através de uma proposta transdisciplinar, supressora da compartimentalização de um saber científico descompromissado politicamente com a qualidade de vida dos cidadãos. O projeto ora apresentado busca a transcendência disciplinar, e não apenas a mescla de conteúdos, como alternativa para a formação não somente de bacharéis, mas de indivíduos capazes de interferir no processo político de transformação social, como agentes realizadores do paradigma de Estado Democrático de Direito.

Referências bibliográficas

BOBBIO, Norberto. *A era dos direitos*. Rio de Janeiro: Campus, 1996.

CANOTILHO, J. J. Gomes. *Direito constitucional*. Coimbra: Almedina, 2002.

CITTADINO, Gisele. *Pluralismo e justiça distributiva*. Rio de Janeiro: Lumen Juris, 2002.

FARIA, José Eduardo. Direitos humanos e globalização econômica: notas para uma discussão. *Revista "O Mundo da Saúde"*, ano 22, v. 22, n. 2, mar./abr., 1998.

—— (Org.). *Direito e globalização econômica. Implicações e perspectivas*. São Paulo: Malheiros, 1996.

FREIRE, Paulo. *Pedagogia da esperança*. 11. ed. São Paulo: Paz e Terra, 1997.

MORAIS, José Luis Bolzan de. *As crises do Estado e da Constituição e a transformação espacial dos direitos humanos. Coleção Estado e Constituição*. v. 1. Porto Alegre: Livraria do Advogado, 2002.

——. As crises do Estado contemporâneo. In: VENTURA, Deysi (Org.). *América Latina: cidadania, desenvolvimento e Estado*. Porto Alegre: Livraria do Advogado,1997.

——. *Do direito social aos interesses transindividuais. O Estado e o direito na ordem contemporânea*. Porto Alegre: Livraria do Advogado, 1996.

GRUPO "Graduação de Referência". *Princípios e Pressupostos Norteadores para a Construção de uma Nova Graduação*. Documento de Trabalho, 2002. (Mimeo).

SARLET, Ingo Wolfgang. *A eficácia dos direitos fundamentais*. 3. ed. Porto Alegre: Livraria do Advogado, 2003.

STRECK, Lenio Luiz. *Jurisdição constitucional e hermenêutica. Uma nova crítica do direito*. Porto Alegre: Livraria do Advogado, 2002.

UNGER, Roberto Mangabeira. *Uma nova Faculdade de Direito no Brasil*. 2002. (Mimeo).

WARAT, Luis Alberto. *Epistemologia e ensino do direito*. Florianópolis: Fundação Boiteux, 2004.

——. *Introdução geral ao direito. O direito não estudado pela teoria jurídica moderna I*. v. III. Porto Alegre: Fabris, 1997.

4. O Projeto Político-Pedagógico em vigor

O vigente Projeto Político-Pedagógico da Escola de Direito da Universidade do Vale do Rio dos Sinos constitui-se em uma proposta curricular realizada em consonância com as Diretrizes Curriculares estabelecidas nacionalmente pelo Ministério da Educação, para todos os cursos de Direito do País, com os objetivos e missões a que se propôs executar historicamente a UNISINOS, bem como com as finalidades fundamentais do Curso de Direito desta IES, dentro de uma perspectiva crítico-reflexiva, humanista e transformadora, integrando os diversos níveis de formação proposta pela Escola de Direito da UNISINOS.

Os fins principais deste projeto dizem respeito à organização da estrutura do Curso de Direito, à formulação dos seus objetivos e do perfil do egresso, bem como à sistematização de todas as atividades a serem desenvolvidas por alunos e professores. Para tanto, concentra todas as informações relativas ao Curso, necessárias para a implementação deste processo de reformulação curricular, tais como: fundamentos legais, princípios norteadores, perfil do profissional a ser formado, estrutura curricular, caracterizações de disciplinas, bibliografia de referência e demais dados complementares que visam à maximização das suas potencialidades.

A proposta tem a pretensão de ser diferenciada em relação aos demais cursos da região e do País, uma vez que tem arraigadas idéias próprias de sociedade, cidadania, democracia e Direito, cunhadas a partir da concepção institucional humanística-cristã de tradição inaciana, das demandas das realidades nacional e regional e da interpretação legal das espécies normativas que regulamentam o ensino jurídico no Brasil.

No desenvolvimento deste Projeto, são apresentadas as características, demandas e estratégias adequadas à formação de um operador jurídico capaz de adaptar-se aos diferentes perfis delineados e exigidos pelas configurações sociais contemporâneas para o mercado de trabalho dos egressos.

Enfatiza-se uma educação de qualidade comprometida com a melhoria da qualidade de vida da sociedade, na medida em que isto é possível pelo exercício ético e solidário das atividades profissionais e da cidadania, tendo contado com a participação do conjunto dos corpos docente, discente e funcional pertencente à Instituição.

Como elemento referencial fundamental para a elaboração deste projeto, além das referências nacionais dadas através das novas Diretrizes Curriculares para os cursos de Direito – Parecer 146/2002 –, bem como toda legislação em vigor, sobretudo a Portaria 1886/94 e a Lei de Diretrizes e Bases da Educação, a Escola de Direito da UNISINOS buscou nortear sua ação prospectiva político-pedagógica pelo documento institucional denominado "Missão e Perspectivas – 1994-2003", do qual foram transcritos a Missão e o Credo, além de toda a orientação normativa institucional, especialmente as Resoluções CONSUN 002/2002, 004/95, 002/2001, 039/99, 047/96 e Resolução Reitoria 005/99.

Quanto à Missão, a UNISINOS tem, desde sua fundação, buscado promover a formação integral da pessoa humana e a sua capacitação ao exercício profissional, incentivando o aprendizado contínuo e a atuação solidária para o desenvolvimento da sociedade.

Esta Missão se fundamenta no respeito à dignidade humana, nos princípios do cristianismo, no serviço da fé e na promoção da justiça, características da educação da Companhia de Jesus.

A UNISINOS cumpre a sua Missão, ministrando ensino de qualidade, centrado na construção do conhecimento e apoiado na investigação científica e tecnológica, em sintonia com a cultura e as necessidades da comunidade.

Quanto ao Credo, a UNISINOS acredita que o seu compromisso fundamental com a sociedade é o de promover a cultura do homem, que provém do homem e é para o homem.

A UNISINOS, ao promover a cultura dos cidadãos, integra-o na própria humanidade, assumindo o lastro cultural da história para dotá-lo de energia e inspirá-lo a tornar-se artífice da própria realização.

A promoção da cultura é a promoção da vida, ancorada na fé em Cristo, que manifesta o ser humano ao ser humano, pois Cristo é a chave, o centro e o fim da história humana.

A dignidade da pessoa humana concretiza-se no solidarismo, pelo exercício co-responsável da liberdade e pelo amor à justiça – fonte de equilíbrio e do bem comum.

A UNISINOS, ao afirmar que a cultura provém de homens e mulheres, reconhece-os como sujeitos dotados da capacidade de criar e de agir sobre si mesmo e sobre e com os seus semelhantes. Por isso, identificada com os propósitos inacianos do serviço da fé e da promoção da justiça, oferece-lhes condições de autodesenvolvimento, à luz dos princípios da educação jesuítica, os quais os habilitam à construção de um mundo melhor – para a família, para a comunidade e para a sociedade.

A UNISINOS, ao assegurar que a cultura é para o ser humano, visualiza-o como vocacionado à vida em plenitude e ao serviço à humanidade. Todos os que estiverem em busca desse ideal, nela encontram um ambiente propício, pois constitui-se em espaço privilegiado do diálogo.

5. As diretrizes político-pedagógicas do atual projeto

5.1. Concepção do curso

Considerando as referências demonstradas anteriormente quanto à formação jurídica e o debate que a circunscreve, inclusive no âmbito da formulação das políticas de ensino para a área, sejam legislativas, sejam doutrinárias, o Projeto Político-Pedagógico em vigência foi concebido visando à superação das posturas acadêmicas tradicionais em relação ao ensino do Direito.

Nesse sentido, o curso concebido contempla três aspectos fundamentais: 1) a busca constante da qualidade nas atividades acadêmicas, acompanhando as orientações político-legislativas e o debate acadêmico-profissional proposto pela comunidade jurídica; 2) o permanente diálogo com a comunidade na qual o curso está inserido; 3) a interação entre graduação e pós-graduação, possibilitando a ênfase na formação contínua dos alunos.

A proposta, além de ensejar a competitividade do curso no mercado regional, pretende construir um novo perfil do operador jurídico, sintonizado com as necessidades do presente momento histórico, permanecendo aberta ao futuro e aos interesses individuais e coletivos do corpo discente.

A concepção desse projeto de curso integra-se na totalidade do projeto da UNISINOS, como instituição implementadora de um processo de transformação social, a partir de critérios humanistas/solidários, permeados por uma ética cristã, o que insere o Curso numa cooperação com a reforma global do Direito que se processa em todo

País, e cujo objetivo principal é a constituição de novos quadros de gerenciamento político-administrativo, comprometidos com a redução das desigualdades sociais.[50]

Concebe-se, assim, o Curso de Ciências Jurídicas da UNISINOS de forma a recepcionar um novo paradigma do ensino jurídico, como condição de superar o preconceito ideológico da ordem jurídica enquanto manifestação da vontade estatal. Essa mudança de referência epistemológica caminha para além das fronteiras da democracia liberal, sustentadas na ficção da vontade geral e da democracia reduzida na representação e na regra da maioria. Esse novo paradigma assenta-se na cidadania, como condição básica da manutenção do Estado constitucional democrático, na liberdade e na igualdade individual e coletiva.

A delimitação formal e material do Curso pretende uma abordagem zetética dos conteúdos, como forma dialética de trabalhar o saber, de modo a envolver os acadêmicos no estudo crítico do saber jurídico instituído. Para tanto, as matérias e disciplinas estão distribuídas de acordo com os ciclos e conteúdos requisitados, de forma a atender este referencial teórico-metodológico, privilegiando uma estrutura de atividades complementares, pesquisa e extensão, além das atividades pedagógicas desenvolvidas em sala de aula, do estágio profissional e do trabalho de conclusão de curso.

A grade curricular contempla uma base fundamental como aporte teórico, uma base tecnológica e uma base operacional. Também busca a reformulação das práticas jurídicas, estabelecendo uma forte conotação nos procedimentos e nas formas judiciais, a fim de inserir o acadêmico no efetivo exercício de teorias inovadoras e contemporâneas do Direito e da solução de conflitos, ensejando melhor qualificação profissional.

A organização pedagógica do currículo está estruturada para possibilitar o estabelecimento, tanto pelo educador quanto pelo educando, de uma postura investigadora de uma realidade dogmática, evitando somente a leitura descritiva que obstaculiza a reflexão.

---

[50] Neste sentido, este Projeto Político-Pedagógico foi levado dado a conhecer às demais Instituições de Ensino mantidas pela Companhia de Jesus em todo o mundo, no Encontro da AUSJAL, acontecido na cidade do México, onde foi recebido como modelo de Escola Jurídica de referência para as demais instituições jesuíticas espalhadas pelo mundo, sendo apontado como referência concreta da proposta de construção de um saber jurídico comprometido com a pauta de orientação a ser seguida pelas demais Escolas de Direito vinculadas à Ordem.

O maior desafio dos cursos jurídicos está em estabelecer um posicionamento criterioso para a abordagem das atividades acadêmicas e dos conteúdos e disciplinas dogmáticas, constituindo-se numa forma de questionar seus compromissos ideológicos que, tradicionalmente, vêm filtrando a abordagem do mundo real através somente dos cânones da norma jurídica descontextualizada de suas implicações no mundo da vida.

Com este viés, o presente projeto oferece possibilidades de questionamento da dogmática e descobrimento do mundo concreto que ela oculta desde a ficção da neutralidade científica e da completude do ordenamento jurídico, sendo este o desafio fundamental atribuído ao professor e ao egresso.

Espera-se que este novo momento pedagógico venha proporcionar uma abordagem rigorosa no tratamento jurídico, com reflexos sobre todo o sistema judicial para a sua comunicabilidade com a sociedade. Neste sentido, o enfoque do objeto do Direito deve ter um caráter interdisciplinar permanente, a fim de possibilitar uma construção plúrima do mundo jurídico, abrindo espaço ao entendimento da complexidade do conhecimento para compreender o atual momento cultural sem desvincular-se de seus princípios de autonomia.

A busca de um ensino aberto e especulativo coloca de forma clara o compromisso do Direito e do ensino jurídico, assegurando o sentido que deve ser dado na seleção de objetivos, conteúdos e disciplinas a serem ministradas. As práticas ultrapassadas de ensino, que colocaram o Direito em um pedestal de transcendentalidade, acima do mundo e da sociedade civil, acabaram por isolá-lo inteiramente da realidade complexa das relações sociais, especificamente no caso brasileiro, marcado por profundas desigualdades sociais.

Merece, assim, especial referência o papel a ser desempenhado pelo corpo docente, o qual deverá estar alinhado com a presente proposta, estando preparado para enfrentar o desafio de superação do paradigma liberal-individualista e dogmático da formação jurídica, sendo necessário que o mesmo seja portador de uma visão transcendente do saber jurídico e comprometido com uma prática humanista do Direito.

O respeito ao dissenso e ao pluralismo implica na formação de consciências criativas e não repetidoras de conteúdos, o que, considerado na formulação deste projeto pedagógico, torna o Curso de Direito da UNISINOS um lugar de reflexão e instrumentação para a transformação social.

A distribuição das disciplinas obedece ao desenvolvimento conectado de forma a estabelecer o equilíbrio dos conteúdos ministrados para a formação integral do educando, resgatando, assim, o papel do Direito como instrumental para garantia da dignidade humana, através do exercício da cidadania. O direito falando pela cidadania, ou a cidadania se construindo por meio do Direito e para além da lei.

A atual concepção visa uma ordenação integrada/integradora que se torna possível pelo conjunto de disciplinas e atividades, compondo um conjunto curricular que se aproxima da integralidade do fenômeno jurídico. A flexibilidade ensejada busca, além da qualificação para o mercado de trabalho, as exigências da ética e da crítica, tanto para a reflexão quanto para a aplicação de um novo Direito adequado ao Estado Democrático constitucionalizado.

Essa progressão metodológica somente é possível desde um novo enfoque teórico do Curso de Direito, o que foi primordialmente privilegiado neste projeto, e de um comprometimento de seu corpo docente quantitativa e qualitativamente. O ensino, a pesquisa e a extensão, tidos como um processo, construirão novas práticas judiciais para a sociedade. Desde os primeiros anos, a ação conjunta destes três ingredientes, mais as atividades complementares e o estágio profissional, estabelecerão as mudanças necessárias nas práticas tradicionais do Direito.

A sala de aula, na atual concepção, deixa de se constituir em ponto único de convergência do ensino jurídico, transformando-se em ponto de partida de um processo qualificado de aprendizagem, num espaço dialógico e privilegiado para a implementação da racionalidade reflexiva, enquanto aporte valorativo para o novo operador jurídico.

5.2. Finalidades

No contexto atual, as Universidades dedicam-se ao ensino, à pesquisa e à extensão como missão constitucional.

O ensino é prática tradicional em toda e qualquer instituição educacional universitária. Os dois últimos aspectos, apesar de constarem nos projetos político-institucionais de grande parte das IES brasileiras, são deficientemente praticados.

Especificamente, os Cursos de Direito, como já dito, foram tornando-se centros de reprodução do saber instituído, legitimando, sem qualquer questionamento, o saber político de uma determinada forma de dominação social através da lei e sequer, muitas vezes, a própria lei em seu contexto organizativo – o ordenamento jurídico. Assim, esses cursos contentavam-se em descrever, reproduzir e legitimar o exercício de uma dominação legal, na acepção weberiana, desde a perspectiva do poder e não da cidadania.

Recuperados estes aspectos, podemos prosseguir, agregando novos elementos que justificam o presente projeto e o inserem no debate ora travado no âmbito das discussões acerca da formação dos operadores jurídicos.

Por um longo período, as escolas jurídicas dedicaram-se à tarefa de ensinar aquilo que se julgava o saber oficial, com total despreocupação de compreender a significação social do que se ensinava. Neste sentido, o saber juridicista, ao encontrar dificuldades em recepcionar as complexas demandas sociais contemporâneas, se constitui como uma das áreas mais deficitárias no que se refere à produção científica. Dessa forma, os Cursos de Direito, tradicionalmente, não produzem ensino, apenas reproduzem.

No entanto, numa sociedade caracterizada por fortes conflitos sociais, aumentados pelas diferenças profundas entre as classes, o meio acadêmico pode/deve interferir não só na produção do conhecimento efetivo de uma dada formação profissional, mas, também, na construção teórica e na mudança das práticas vinculadas às soluções desses conflitos, edificando oportunidades e caminhos plurais para resolvê-los.

Assim, justifica-se teleologicamente a presente proposta do Curso de Direito da UNISINOS pelos seguintes aspectos:

- o atendimento das exigências da Portaria Ministerial n. 1.886/94 e Diretrizes Curriculares, que indicam para o atendimento de padrões curriculares exigidos pelo MEC, providenciando a infra-estrutura para o seu enquadramento nos critérios de qualidade recomendados pela legislação federal (recursos materiais e acolhimento da metodologia do ensino superior);
- o enquadramento da proposta curricular do Curso às diretrizes da Universidade e ao seu projeto de Instituição de Ensino Superior,

de caráter confessional, mediante o ajustamento da estrutura pedagógica, a fim de implementar novos padrões de ensino, pesquisa e extensão, de forma articulada e continuada. Para tanto, o desempenho de qualidade desejado deve estar questionado a partir de sua proposta de ensino, pesquisa e extensão, com uma constante avaliação das condições infra-estruturais, humanas e pedagógicas, tendo como referencial o papel do Curso no contexto da sociedade;
• a qualificação do corpo docente;
• a transformação do perfil do operador jurídico para agir na sociedade e no mercado de trabalho, o que exige permanentes ajustes na estrutura do Curso para a superação da atual crise do ensino jurídico. Para isso, devem ser incorporados padrões de ensino que permitam responder aos problemas centrais da sociedade, garantindo, ao universitário formado na Instituição, acuidade na profissão e inserção no mercado em constante mudança.

5.3. Objetivos

5.3.1. Geral

Com a implantação do presente projeto pedagógico, a Escola de Direito da UNISINOS buscará, em um sentido mais amplo, formar profissionais qualificados para o exercício das atividades pertinentes aos operadores jurídicos, conscientes de sua participação nos processos de transformação da sociedade, do Estado e do Direito brasileiros, enquanto atores históricos capazes de atenderem às demandas da cidadania e do desenvolvimento econômico e científico, pautados por um compromisso ético e transformador da realidade e do fenômeno jurídico, insertos em um novo contexto histórico do Direito frente às transformações institucionais sentidas pela sociedade contemporânea, tendo, como referencial, a opção pelo humanismo social-cristão que orienta filosoficamente a Instituição.

5.3.2. Específicos

Em termos mais restritos, objetiva-se, com a concretização deste projeto pedagógico:

- proporcionar referência teórica e experiência concreta para a implementação dos parâmetros que ensejarão a qualidade do ensino, da pesquisa e da produção acadêmica, bem como da extensão, visando o exercício competente e a qualificação cada vez maior das atividades profissionais;
- qualificar os alunos para assumirem suas atribuições e deveres sociais como operadores jurídicos aptos e responsáveis a desenvolverem suas atividades técnico-jurídicas em sintonia com a realidade social e fundadas em referenciais humanistas, éticos e solidários;
- favorecer ou criar condições para que os discentes construam a consciência da importância que o exercício de suas atividades profissionais tem como condição de possibilidade de realização e exercício da cidadania, em função de poder proporcionar avanços sociais, econômicos e culturais, através da efetivação dos direitos e do Estado democrático.

5.4. Perfil do egresso do Curso de Direito

Assim, o bacharel em Direito da UNISINOS deverá ser aquele que não apenas agregue informações técnicas com maior ou menor quantidade, através da absorção dos saberes já instituídos e, muitas vezes, descontextualizados em relação à nossa atual situação social, política e econômica, mas, num sentido diverso, um *jurista* apto a interagir numa sociedade organizada a partir de um sistema jurídico, através de práticas democráticas assentadas em vínculos sociais marcadamente solidários e humanistas, contemplando um conhecimento que agregue valores éticos a uma sólida formação teórico-metodológica e técnica, percebida esta como não apenas o manuseio acrítico de textos legislados, mas a interação do saber jurídico com a dinâmica de uma sociedade estruturada como Estado Democrático de Direito.

Atendendo a diretrizes não só externas, mas também orientações institucionais, o Curso de Ciências Jurídicas tem, também, como referência pedagógica, os princípios de direitos humanos, os quais, considerados modernamente como pressupostos ético-substanciais juridicizados, funcionam como condições de possibilidade de manutenção da dignidade humana, encarada como tarefa a ser permanentemente construída em nosso cotidiano, e, especialmente, dentro da sala de aula, nas investigações, nas atividades extracurriculares, enfim, em todos os momentos de nossa existência, com a construção de um espaço solidário para o desenvolvimento da liberdade coletiva, cuja principal virtude revela-se na potencialidade de derrogação do modelo tradicional de ensino jurídico, alicerçado em um modelo de Estado autoritário e juridicista, construído sobre um paradigma de Direito de características eminentemente legalistas.

5.4.1. Habilidades

Diante disso, este projeto pedagógico para o Curso de Ciências Jurídicas da UNISINOS engendra uma série de possibilidades no ensino, na pesquisa e na extensão, que visam a formação de alunos com potencialidades de desenvolvimento das seguintes habilidades:

- dominar os conteúdos do ordenamento jurídico vigente e a dogmática construída, a partir de perspectivas teóricas e práticas, de forma a ter condições de patrocinar, avaliar e julgar os interesses que lhe são confiados, através da elaboração adequada de peças processuais, pareceres técnicos, como agentes sociais críticos, competentes e comprometidos com as mudanças emergentes e os novos direitos a ela conectados;
- possuir ampla formação cultural que lhe permita a interação da formação jurídica com o conhecimento social interdisciplinar;
- compreender, analisar, avaliar e interpretar as situações que fazem parte do universo profissional dos operadores jurídicos, a partir dos pressupostos do Direito e dos fatores que compõem o contexto social e a singularidade do caso;
- aplicar o conhecimento adquirido, de forma a dar um sentido social aos procedimentos e às soluções dos conflitos que sofrem a incidência do Direito;
- administrar os conflitos que lhes forem apresentados, dando o encaminhamento técnico-jurídico pertinente;
- perceber o Estado Democrático de Direito como ponto de referência e condição de possibilidade para a implementação de ações de governo pautadas no sistema jurídico, em especial, o sistema constitucional, independentemente da vontade singular das autoridades político-administrativas;
- refletir sobre as questões centrais da ética como meio de propiciar a aplicação dos conhecimentos nesta perspectiva, visando um me-

lhor agir do bacharel não só no âmbito profissional, mas também no social;

- valorizar as descobertas da ciência e da tecnologia enquanto indicadores de demandas de produção de novos conhecimentos pelo desenvolvimento de constantes atividades de investigação, como meios de aprimoramento das sociedades democráticas;
- possuir capacidade de intervenção nas realidades regionais, a partir da consideração de suas características geográficas, culturais, econômicas e políticas, dentro de um enfoque de universalidade;
- adquirir proficiência em língua portuguesa, manifestada através da competência para a compreensão e interpretação de textos e para a produção de textos com a utilização de recursos adequados aos propósitos da comunicação e ao contexto de uso;
- ter capacidade de argumentação, manifestada através do emprego de raciocínio lógico, da persuasão e da utilização adequada de terminologia jurídica forense e científica;
- ter capacidade de pesquisa, manifestada através da capacidade de investigação científica para a produção do conhecimento novo em matéria jurídica.

Portanto, constitui-se em habilidade fundamental, a ser desenvolvida no egresso, a percepção do fenômeno jurídico para além da idéia e das práticas ligadas à coação, buscando-se garantir as condições de dignidade da pessoa humana pelo desenvolvimento de sua subjetividade, do respeito ao altero, à vida, à privacidade e à intimidade; às garantias materiais de existência e o exercício da cidadania. E, para tanto, dentro do universo de possibilidades que temos à disposição como juristas, cremos que as alternativas que devemos apresentar aos alunos não devem restringir-se às opções de soluções por formas judiciais, mas devemos, também, estender as habilidades, direcionando-as a solucionar conflitos por mecanismos extrajudiciais, sobretudo lançando mão de instrumentos novos/renovados de tratamento de conflitos que utilizam, priorizam ou adotam fórmulas não-conflituais ou consensuais para o tratamento de conflitos, em particular, os mecanismos arbitrais, renovados pela Lei 9307/96, e as diversas formas de mediação de conflitos, atualmente em grande expansão.

Assim, é fundamental, atualmente, para o bacharel em Direito, o domínio de tais técnicas de tratamento de conflitos, as quais operam a partir de postulados e estratégias totalmente diversas daquelas utilizadas no ambiente jurisdicional, o que implica na necessidade de serem constituídos saberes adequados à utilização destes instrumentos, tendo-se presente, como já dito, a complexidade da sociedade contemporânea e a multiplicidade das formas e fórmulas jurídicas presentes na sociedade atual, bem como da permanente transformação e surgimento de conteúdos jurídicos totalmente reformulados ou inéditos, além de novos espaços e âmbitos para as práticas jurídicas.

Este perfil pretendido estabelece um percurso curricular composto por quatro eixos de disciplinas, definidos como: eixo de disciplinas formativas de caráter propedêutico; um segundo, composto por disciplinas pragmático-profissionalizantes; o terceiro, voltado à formação eminentemente prática; e, por fim, um último eixo, caracterizado por sua flexibilidade.

5.5. Estrutura curricular

A estrutura curricular construída para atender à proposta pedagógica do Curso de Direito constitui-se de um conjunto articulado de disciplinas cuja carga horária perfaz um total de 3.600 h/a, correspondentes a 240 créditos, distribuídas em 10 semestres. Deste total, 3.000 horas referem-se a disciplinas; 300 horas, ao estágio curricular; 120, ao Trabalho de Conclusão do Curso; e 180 horas, às atividades complementares.

Em cada semestre estão previstos 20 créditos, ou 300 h/a, com três acréscimos: o primeiro, a partir do 6º semestre, de 4 créditos ou 60 h/a, referentes ao Estágio Supervisionado, a ser realizado até o final do 10º semestre, parte em sala de aula e parte junto ao Núcleo de Prática Jurídica, em horários extra-classe; o segundo, no oitavo e nono semestres, em razão da disciplina de Trabalho de Conclusão I e II; o terceiro que contempla 180 h/a relativas às Atividades Complementares de Graduação, que deverão ser executadas pelos discentes de acordo com a regulamentação própria.

A proposta de grade curricular para o curso de Direito da UNISINOS, exposta a seguir, foi concebida, por um lado, considerando os instrumentos legislativos que regulam e traçam as linhas mestras dos cursos jurídicos no País, em especial, o Parecer CNE-CES 146/2002, subsidiado pela Portaria 1886/94, e, por outro, todo o debate acadêmico que se desenvolveu ao longo das duas últimas décadas e que envolveu não apenas a implementação dos atos normativos, bem como as diversas estratégias que foram sendo construídas para dar conta dos limites e aberturas impostos ao ensino jurídico.

Neste sentido, pretendeu-se, para dar conta do perfil profissional pretendido e expresso neste Projeto Pedagógico, construir uma grade curricular que reflita todos os aspectos peculiares à formação jurídica.

Para tanto, a grade curricular – como se verá a seguir – estrutura-se a partir de quatro eixos: o primeiro diz respeito às chamadas disciplinas formativas de caráter propedêutico, onde estão a Ciência Política, a Sociologia, a Filosofia, a Ética, a História do Direito, a Antropologia, etc, dando conta, também, das especificidades próprias da formação humanista cristã própria da Instituição; o segundo engloba o núcleo pragmático-profissional da formação do bacharel em Direito, tendo como referências os conteúdos tradicionais do direito constitucional, civil, penal, processual, administrativo, tributário, trabalho, comercial, internacional, etc., bem como não descurando dos chamados novos direitos, em especial o ambiental, o direito da integração, o biodireito, etc.; o terceiro diz respeito à formação prática, onde se inclui as disciplinas de estágio profissional, real e simulado, contemplando estratégias jurisdicionais e não-jurisdicionais, tais como a mediação e a arbitragem; o último visa permitir ao acadêmico a possibilidade de construção parcial de sua própria formação – núcleo flexível –, abrindo possibilidade, a partir das diversas disciplinas optativas e das atividades complementares de graduação (ACGs), ao aluno, de constituir parcela de seu currículo dentro de especificidades e pretensões próprias sem, no entanto, descurar do projeto profissional proposto pela IES mas, ao mesmo tempo, oportunizando alternativas reais ao aluno, como se verá a seguir.

Com relação às nominadas disciplinas formativas, deve-se referir que três aspectos orientaram a formação da grade curricular. Em primeiro lugar, buscou-se contemplar todos os conteúdos previstos pela legislação aplicável – Ciência Política, Filosofia, Sociologia, etc. Após, pretendeu-se incluir outros conteúdos que pudessem oportunizar um maior aprofundamento teórico ao estudante, permitindo-lhe constituir uma leitura abrangente do fenômeno jurídico, e.g., História do Direito. Ainda, incorporou-se, ao conjunto de disciplinas, os conteúdos peculiares à orientação institucional, atribuindo-lhes um sentido peculiar e conectando-as àqueles conteúdos referidos acima de ampliação do leque formativo. Assim, as disciplinas de Antropologia e Direito, Direitos Humanos e Democracia na América Latina, Ética Geral e Profissional e Fundamentos de Filosofia e Hermenêutica Jurídica pretendem, ao mesmo tempo, ser a referência institucional para contemplar créditos referentes à formação humanística de orientação cristã, e a adequação destes parâmetros à formação pretendida para o bacharel em Direito, sem que se esteja produzindo, aqui, uma ruptura, mas privilegiando-se, no conjunto formativo, a orientação filosófica institucional. Com isso, o quadro formativo básico compõe-se neste duplo aspecto pretendendo dar, efetivamente, uma formação humanística ampla.

Por fim, este conjunto de disciplinas foi pensado de forma a evitar a sua concentração nas séries iniciais do Curso, o que provocaria um certo desprestígio às mesmas, gerando um descompromisso por parte do alunado e um prejuízo formativo, na medida em que a concentração ao início desconecta a formação humanística geral e profissional, passando a percepção de que são dois eixos completamente estanques e desconexos.

A presente grade curricular pretende fazer com que haja um entrelaçamento e um comprometimento entre a formação humanística e teórica e a formação profissionalizante, apontando para a construção de um bacharel que perceba o Direito como um todo e não apenas um conjunto superposto de textos normativos.

A partir disso, o núcleo pragmático-profissional, considerando a estratégia adotada e referida acima, parte do pressuposto da necessidade de constituir-se, no âmbito da graduação em Direito, um conjunto referencial mínimo que permita a formação básica do bacharel com aptidão para a compreensão do fenômeno jurídico e sua operacionalização prática, dando conta de todas as suas especificidades, sejam aquelas das disciplinas tradicionais, sejam aquelas emergentes das novas necessidades sociais. Com isso, se pretende alcançar, ao acadêmico, um conjunto de conhecimentos necessários e suficientes para a sua profissionalização, tendo-se presente a sua conexão com o núcleo flexível. Portanto, foram elencados, respeitando-se as indicações legais, todos os conteúdos peculiares à formação jurídica profissional, estruturadamente pensados, partindo-se das concepções teóricas de cada disciplina e adentrando-se em suas especificidades. Contudo, sempre se teve presente a necessidade de vislumbrar-se o Direito como um conjunto orientado por sua base constitucional, assim como pressupondo um eixo condutor do elenco de disciplinas, em particular, no que diz com o sentido que orienta o Direito contemporâneo em sua perspectiva dúplice, muitas vezes contraditória, no sentido da sua publicização e, por outro lado, no sentido da elaboração de uma normatividade de base reflexiva.

Neste grupo de disciplinas, pretende-se obter uma efetiva integração entre teoria e prática, com o desenvolvimento, em cada uma delas, de aspectos teóricos permanentemente relacionados com a aplicabilidade prática do conhecimento.

Portanto, sinteticamente, pode-se dizer que o núcleo pragmático-profissional pretende possibilitar, ao aluno, a apropriação do conhecimento necessário à sua formação técnica, tendo como parâmetro o perfil profissional definido pela IES, atribuindo-lhe, a partir do núcleo flexível, a possibilidade de complementar sua formação pela inclusão de conteúdos buscados junto às disciplinas optativas organizadas em blocos temáticos, mas de forma a permitir a migração entre os mesmos.

Assim, o núcleo flexível foi estruturado para dar conta do necessário espaço de abertura deixado ao acadêmico para que construa uma parte significativa de sua formação a partir de interesses, peculiaridades e potencialidades individuais, contempladas no âmbito do perfil profissional desejado. Todavia, este espaço do curso não pode ser tido como um lugar de desconstrução da lógica que orienta a formação do bacharel em Direito da UNISINOS. Portanto, ao mesmo tempo em que o conjunto de disciplinas optativas permite ao aluno a construção de seu currículo, ele se forja levando em consideração o perfil profissional institucional. Por outro lado, desde um elenco de quatro disciplinas optativas obtém-se o arejamento necessário à formação do bacharel em Direito e organiza-se a mesma na perspectiva de constituir-se blocos temáticos que visam dar conta de especificidades próprias a cada um deles, mas que não restringem o acadêmico à opção por um dos mesmos e, por conseqüência, o seu enclausuramento.

Dessa forma, pretende-se que o aluno, no momento da opção, tenha condições de operar, no interior da grade proposta, a escolha por um dos blocos temáticos ou possa dispor de um elenco diferenciado e múltiplo de disciplinas pertencentes a blocos temáticos distintos.

Tal iniciativa permitirá que o aluno complete a sua formação em uma perspectiva especializante ou, por outro lado, em um viés generalista. Da mesma forma, isto viabilizará que, a partir das escolhas realizadas, tenha-se um bacharel em Direito capaz de dar conta do fenômeno jurídico em sua expressão mais tradicional, embora prenhe de uma leitura crítica, ou, de outra banda, um operador do Direito capaz de constituir-se em um interlocutor privilegiado para a formatação de políticas públicas e/ou para a discussão teórico-filosófica do Direito.

Para a constituição deste núcleo flexível foi levada em consideração não apenas a necessidade de oportunizar, ao futuro bacharel, a possibilidade de adequação do currículo aos seus interesses, como também a pretensão de estabelecer-se um eixo fundamental na formação jurídica proposta pela IES, conectando o conhecimento da graduação ao da pós-graduação em Direito da UNISINOS.

Em complementação a tudo isso, o núcleo de formação prática pretende dar, ao aluno, condições de implementar e reconhecer na prática os conhecimentos auferidos ao longo de sua formação teórica, bem como colocá-lo em condições de operar todos os métodos de solução de conflitos postos à disposição da sociedade, atuando tanto de forma simulada quanto real, junto ao Núcleo de Prática Jurídica.

5.5.1. Pré-Requisitos

Com o intuito de dar atendimento à demanda de flexibilidade e agilidade do currículo, sem que isto venha a constituir-se em condição de possibilidade para uma integralização defeituosa das exigências curriculares, também se buscou agregar, na estrutura curricular seguinte, a idéia de facilitação no que tange ao travamento curricular mediante a imposição de um sistema seqüencial rígido de pré-requisitos.

Diversamente dos modelos curriculares anteriormente adotados, nesse, foi adotado um sistema de pré-requisitos genéricos, cuja funcionalidade cinge-se a dois pontos vitais: permitir um seqüenciamento curricular mínimo que possibilite o atingimento de um padrão de excelência na formação do egresso e impedir a realização do curso em tempo inferior ao legalmente exigido.

Para tanto, foi abandonado um sistema geral e rígido de pré-requisitos para todas as disciplinas, adotando-se, em seu lugar, um mecanismo que privilegia uma seqüencialização de conteúdos manifestada nas caracterizações de disciplinas.

Para evitar a integralização curricular em tempo inferior ao permitido legalmente, apesar da flexibilização contida no Parecer CNE-CES 146/02, adotou um sistema mínimo e flexibilizado de pré-requisito cujo controle deverá ser efetivado pela Comissão de Coordenação através da verificação do cumprimento dos conteúdos quando das matrículas semestrais.

Essa ligação obrigatória mínima entre algumas disciplinas também visa uma instrumentalização teórica básica que possibilite, ao aluno, um enfrentamento eficaz de conteúdos futuros. Isto também se torna possível na medida em que a dinâmica de integralização do curso ocorre mediante uma progressão seqüencial de conteúdos organizados em grandes linhas de interesse.

5.5.2. Grade Curricular

SEMESTRE	DISCIPLINA	PRÉ-REQUISITO	CRÉDITO	CARGA HORÁRIA
Primeiro	11 – Introdução ao Estudo do Direito		4	60
	12 – Ciência Política		4	60
	13 – História do Direito		4	60
	14 – Metodologia da Pesquisa		4	60
	15 – Antropologia e Direito		4	60
Língua Portuguesa I				
Segundo	21 – Teoria Geral do Direito	11	4	60
	22 – Teoria da Constituição	12	4	60
	23 – Direito Penal I	11	4	60
	24 – Direito Civil I	11	4	60
	25 – Sociologia Aplicada ao Direito		4	60
Língua Portuguesa II				
Terceiro	31 – Teoria Geral do Processo I	21	4	60
	32 – Direito Constitucional I	22	4	60
	33 – Direito Penal II	23	4	60
	34 – Direito Civil II	24	4	60
	35 – Fundamentos de Filosofia e Hermenêutica Jurídica		4	60
Lingua Portuguesa III				
Quartro	41 – Teoria Geral do Processo II	31	4	60
	42 – Direito Constitucional II	32	4	60
	43 – Direito Penal III	23	4	60
	44 – Direito Civil III	34	4	60
	45 – Direito Internacional Público	32	4	60
Quinto	51 – Direito Processual Civil I	41	4	60
	52 – Direito Processual Penal I	41	4	60
	53 – Direito Penal IV	33	4	60
	54 – Direito Civil IV	44	4	60
	55 – Direito Administrativo I	32	4	60
Sexto	61 – Direito Processual Civil II	51	4	60
	62 – Direito Processual Penal II	52	4	60
	63 – Direito do Trabalho I	32	4	60
	64 – Direito Civil V	54	4	60
	65 – Direito Administrativo II	55	4	60
	66 – Estágio I	51	4	60

Sétimo	71 – Direito Processual Civil III	61	4	60
	72 – Direito Comercial I	34	4	60
	73 – Direito do Trabalho II	63	4	60
	74 – Direito Civil VI		4	60
	75 – Direito Tributário I	42	4	60
	76 – Estágio II	66	4	60
Oitavo	81 – Direito Processual do Trabalho I	73	4	60
	82 – Direito Comercial II	72	4	60
	83 – Filosofia do Direito	35	4	60
	84 – Direito Civil VII	34	4	60
	85 – Direito Tributário II	75	4	60
	86 – Estágio III	76	4	60
Nono	91 – Direito Comercial III	82	4	60
	92 – Direito da Propriedade Intelectual	34	4	60
	93 – Direito Civil VIII		4	60
	94 – Direitos Humanos e Democracia na América Latina	25	4	60
	95 – Optativa I		4	60
	96 – Trabalho de Conclusão I	160 créditos	4	60
	97 – Estágio IV	86	4	60
Décimo	101 – Direito Internacional Privado	34	4	60
	102 – Ética Geral e Profissional	83	4	60
	103 – Optativa II		4	60
	104 – Optativa III		4	60
	105 – Trabalho de Conclusão II	96	4	60
	106 – Estágio V	86	4	60

5.6. Estrutura Curricular

Atividades	Horas / aula	Créditos
I – Disciplinas	3000	200
II – Prática Jurídica	300	20
III – Atividades Complementares	180	12
IV – Trabalho de Conclusão do Curso	120	08
Total	3600	240

BLOCOS TEMÁTICOS – optativas

I – Estado, Gestão Pública e Direitos Sociais
- Economia e Finanças Públicas;
- Direito Previdenciário
- Direito Coletivo do Trabalho

II – Novos Paradigmas da Ciência Jurídica
- Sociologia Política;
- Filosofia do Direito II
- Direito, Complexidade e Risco
- Fenomenologia e Hermenêutica

III – Interesses Transindividuais e Novos Direitos
- Bioética e Biodireito;
- Direito Ambiental;
- Direito do Consumidor;
IV – Ciências Penais
- Criminologia e Política Criminal;
- Epistemologia Jurídico-Penal
- Medicina Legal
V – Processo e Jurisdição
- Mediação e Arbitragem
- Ações Constitucionais;
- Procedimentos Especiais Cíveis
- Procedimentos Especiais Penais
VI – Tópicos de Direito Privado
- Responsabilidade Civil;
- Direito Agrário;
- Direito do Autor;
- Direito Imobiliário;
VII – Direito Internacional
- Direito da Integração
- Direito das Relações Internacionais
- Direito do Comércio Internacional

5.7. A flexibilização curricular e a integração e complementação entre ensino, pesquisa e extensão

Além das atividades realizadas dentro de sala de aula, local onde tradicionalmente desenvolveram-se os cursos de Direito, uma série de outras atividades extraclasse deverão ser concretizadas, objetivando a integração e a complementação flexibilizada das atividades de aula. Para a consecução dessa finalidade, entendemos como necessária a construção de uma estrutura extraclasse que proporcione as condições físicas e didático-pedagógicas para a realização dessas atividades, a ser definida e regulamentada pela instâncias competentes.

5.7.1. A Pesquisa e as atividades complementares

Para um eficaz cumprimento do disposto no Parecer CNE-CES 146/02, bem como no art. 4º da Portaria n. 1.886/94, o Curso de Direito da UNISINOS deverá contar com uma estrutura cujas principais atribuições serão o planejamento e a execução da carga de 5% (cinco por cento) de atividades desta natureza, exigidas pela referida Portaria, bem como de todas as atividades referentes à iniciação científica.

As atividades de pesquisa e complementares deverão contar com professores com disponibilidade horária para a sua efetivação de modo a permitir ao aluno desenvolver:

- seminários, palestras, congressos, simpósios;
- monitorias;
- atividades de extensão universitária;
- intercâmbios culturais nacionais e internacionais;
- atividades de estudos em grupos;
- pesquisa jurídica orientada;
- outras atividades que poderão ser incluídas no espaço curricular ajustável entre o aluno e a administração acadêmica responsável pelo planejamento, execução e controle destas atividades.

A regulamentação do processo de aproveitamento das atividades complementares será feita mediante resolução do Conselho da Escola de Direito, respeitando-se o estabelecido pelo Parecer CNE-CES 146/02.

5.7.2. A prática jurídica

Com a obrigatoriedade do estágio profissional, para atender ao Parecer CNE-CES 146/02, à Portaria Ministerial n. 1.886/94 e à Lei 6494/77, passou a ser exigida, dos Cursos de Direito, a manutenção de um Núcleo de Prática Jurídica.

A delimitação das atividades a serem desenvolvidas sob a forma de Estágio Supervisionado deu especial relevância às atividades práticas (procedimento e forma) do Direito, a serem desenvolvidas na segunda metade do curso.

A estruturação do Núcleo de Prática Jurídica obedece a uma diretriz didático-pedagógica fundamental que exige a realização de atividades simuladas e o enfrentamento de casos reais com atendimento direto à população. Para tanto, o NPJ está estruturado em Laboratórios Jurídicos (simulação) e em um Escritório de Assistência Judiciária, resultante da transformação da Assistência Judiciária Gratuita (AJG) – que atualmente cumpre apenas atividades assistenciais de caráter extensionista –, o que, sem dúvida alguma, exige a disponibilidade de profissionais habilitados aptos à orientação do aluno, além de uma secretaria para o controle individual de cada aluno.

Compõem as atribuições do Laboratório Jurídico e do Escritório de Assistência Judiciária:

a) a coordenação (supervisão, controle e orientação) do estágio de prática jurídica;

b) o acompanhamento das atividades práticas desenvolvidas pelos alunos do Curso de Direito e/ou em parceria ou convênios com outros cursos da Universidade;

c) a manutenção do serviço de atendimento judicial à comunidade carente;

d) a elaboração de processos simulados, com redação de peças profissionais e atos processuais, nas áreas de processo civil, penal e trabalhista, privilegiando a simulação de audiências, sustentações orais em tribunais, atuação no tribunal do júri, treinamento de técnicas de negociação coletiva, conciliação e arbitragem;

e) a informação prática e detalhada sobre o funcionamento da organização judiciária, da organização institucional da magistratura, do Ministério Público e da Ordem dos Advogados, com esclarecimento permanente dos Estatutos da Advocacia e do Código de Ética Profissional, bem como das Leis Orgânicas das carreiras públicas;

f) a organização da participação contínua dos alunos junto à vara do Juizado Especial mantida junto ao NPJ;

g) a organização e a execução de visitas às mais diversas agências públicas de aplicação e execução da lei;

h) o estímulo à participação efetiva dos alunos em atividades de assistência judiciária extra-estatais, como clubes de bairros, associações de moradores, escolas, ONGs, círculos de pais, sindicatos, etc.;

i) a realização de atividades reais e simuladas de mediação e arbitragem.

O desenvolvimento das atividades simuladas de estágio serão desenvolvidas em salas devidamente preparadas para tais atividades, bem como em laboratórios que possibilitem a realização de representações com semelhança de todas as modalidades de atos e ritos que compõem as principais atividades forenses cotidianamente enfrentadas pelas diversos atores jurídicos.

É relevante destacar, neste aspecto, que, necessária e obrigatoriamente, todos os alunos que estejam matriculados nas disciplinas de Estágio, nas quais serão desenvolvidas práticas reais com o atendimento de casos concretos, deverão freqüentar, seqüencialmente, o Núcleo de Prática Jurídica nos dois últimos semestres do curso. Esta exigência poderá ser excepcionada através da participação dos alunos em estágios reais oferecidos por entidades públicas ou privadas que mantenham convênio para tal fim com o curso.

As atividades aqui especificadas deverão estar reguladas através de Regulamento específico a ser oportunamente elaborado, o qual deverá normatizar as atividades práticas, levando em consideração que estas se subdividem em "prática simulada" – contemplada pelos Estágios I, II e III – e "prática real" – contemplada pelos Estágios IV e V.

5.7.3. O trabalho de conclusão

O conjunto normativo constituído pela Portaria/MEC n. 1.886/94 e pela Resolução do CONSUN/UNISINOS n. 002/2001 indica que cada aluno deverá apresentar, no último semestre do Curso, como condição da sua titulação, um trabalho escrito em forma de monografia. Muito antes da edição desta Portaria, já se constituía em uma tradição da Escola de Direito da UNISINOS a exigência do trabalho de conclusão de curso. Para o aperfeiçoamento deste processo, na Escola de Direito, a presente proposta inclui, como estrutura fundamental de apoio, a Coordenação de Pesquisa e Atividades Complementares, cujas principais finalidades são:

- a manutenção de uma permanente assessoria metodológica ao aluno, visando a elaboração do seu projeto de trabalho de conclusão;
- a constante busca pela qualidade dos projetos, visando a manutenção de um nível razoável de qualidade nos trabalhos finais;
- o registro de todos os dados referentes às etapas de elaboração do projeto e do trabalho de conclusão;
- a aprovação dos projetos de trabalho de conclusão;
- a montagem das bancas de exame das monografias;
- a constituição de um banco de dados referente aos trabalhos apresentados.

A execução do trabalho de conclusão deverá ser orientada por um professor pertencente ao quadro docente da Instituição, com titulação mínima de especialista, durante o nono e o décimo semestre. A defesa poderá ser feita durante o último semestre, em data previamente estipulada por edital da Coordenação, contendo o nome do orientador, bem como os membros da banca examinadora, a ser formada por professores com titulação mínima de especialista e presidida pelo professor orientador.

5.7.4. As atividades de extensão

O curso ora proposto buscará desenvolver práticas extensionistas diversas daquelas conduzidas no âmbito do Núcleo de Prática Jurídica, permitindo não apenas a construção do conhecimento pelos alunos, como também a inserção da IES na comunidade local e regional através de práticas sociais dirigidas ao entorno social de abrangência da UNISINOS, em particular, por meio de atividades de desenvolvimento da cidadania, bem como ações de formação pedagógica de conhecimento do(s) Direito(s). Ainda, deve promover o desenvolvimento de práticas sociais comprometidas com a transformação da realidade, no sentido de levar à comunidade o conhecimento das garantias jurídicas próprias ao Estado Democrático de Direito.

Tais atividades, além de promoverem a integração da Instituição com a comunidade, permitirão, ainda, o desenvolvimento de potencialidades por parte dos corpos docente e discente, contribuindo para a formação integral do aluno, bem como para a integralização de parte da carga horária relativa às Atividades Complementares.

5.7.5. Possibilidades de freqüência a disciplinas de outros cursos de graduação mantidos pela UNISINOS

Ainda com o objetivo de implementar de forma sólida esta política pedagógica privilegiadora da flexibilização curricular, projeta-se, como estratégia fundamental, a possibilidade do aluno do Curso de Direito poder freqüentar disciplinas oferecidas sob as mais diversas modalidades pelos outros cursos de graduação da UNISINOS.

A pertinência da(s) disciplina(s) do(s) outro(s) curso(s) de graduação, cuja freqüência for pretendida pelo aluno do Curso de Direito, deverá ser demonstrada junto à Coordenação do Curso, órgão responsável pelo deferimento do aproveitamento da disciplina cursada, para fins de integralização curricular por parte do aluno.

As disciplinas cursadas fora da Escola de Direito poderão ser aproveitadas no próprio espaço de flexibilização existente nos últimos três semestres do curso, conforme consta na grade curricular proposta neste projeto.

5.7.6. Possibilidades de estudo em outras universidades

Outra forma de flexibilização da integração curricular a ser desenvolvida pelo Curso de Direito consistirá na abertura de possibilidades para que os alunos tenham a oportunidade de realizarem estudos junto a outras universidades nacionais e estrangeiras.

Essa alternativa apresenta-se com um alto grau de viabilidade, uma vez que, já há algum tempo, a Escola de Direito vem estendendo cada vez mais suas relações de intercâmbio, tanto de docentes quanto de discentes, com universidades, especialmente estrangeiras. Esta realidade foi consolidada a partir de uma série de convênios firmados entre o Curso de Direito e inúmeros institutos e faculdades de Direito estrangeiras, o que tem permitido um constante fluxo de estudantes para o exterior, bem como de estudantes estrangeiros que reiteradamente vêm até a UNISINOS através destes programas de intercâmbio.

A novidade que se pretende implementar consiste no fato de que os cursos realizados no estrangeiro, que até então somente eram aproveitados na integralização de atividades complementares, agora poderão ser integralizados na carga horária constante na grade curricular, através da utilização da parcela flexível do currículo, mediante o aproveitamento das disciplinas optativas.

A realização de estudos em outra universidade dependerá de indicação e de contato a ser mantido por algum professor da Escola de Direito com algum professor da área afim que desenvolva suas atividades na universidade receptora, bem como do deferimento da Coordenação do Curso, após consulta a professor da área lotado junto à Escola de Direito, para efeitos de aproveitamento dos estudos.

5.7.7. Proficiência em língua portuguesa

O domínio da língua materna e de uma ou mais línguas estrangeiras é condição necessária para o exercício de qualquer profissão de nível universitário. Entretanto, com a universalização do ensino e o ingresso nos cursos superiores de parcelas cada vez maiores da população, mesmo a expectativa de que os estudantes universitários dominem a língua materna acaba freqüentemente sendo frustrada. Há oferta de ensino fundamental e médio para todos ou para muitos, mas a qualidade da oferta é desigual. Essa não é uma realidade exclusiva do Brasil, mas está presente em muitos países, dentre os quais destacamos a França e os Estados Unidos.

As universidades norte-americanas, especialmente as públicas – que são a maioria naquele país –, têm buscado soluções para esse problema desde o final dos anos 70. Duas propostas têm sido adotadas para garantir a qualidade da produção escrita de seus estudantes. A primeira delas é a utilização de testes para avaliação da produção escrita daqueles que pretendem. Dependendo do resultado do exame, o aluno pode ser dispensado de estudar a língua inglesa ou ter a recomendação de freqüentar um número variável de disciplinas dedicadas à língua materna. A outra solução é a materialização da preocupação com o desenvolvimento da escrita no conjunto das atividades curriculares do curso de graduação. Trata-se do programa denominado *Writing Across the Curriculum*, que está presente em centenas de universidades norte-americanas. Ambas as soluções tendem a ser adotadas simultaneamente, num esforço para promover o pleno domínio da comunicação escrita entre os estudantes.

No Brasil, poucas universidades têm seguido o exemplo de suas congêneres norte-americanas. A UNISINOS, inserindo-se neste pequeno grupo, idealizou, para dar conta das deficiências de seus alunos em relação à língua portuguesa, o exame de proficiência, conjugado com disciplinas que não contam créditos, mas podem ser utilizadas na forma de atividades complementares. O Curso de Direito foi o primeiro da Universidade a adotar essa proposta.

No presente projeto político-pedagógico, propõe-se a manutenção do exame de proficiência com a atribuição de mais um papel para esse recurso de avaliação: o de nivelamento dos alunos em relação às disciplinas oferecidas como alternativa ao exame. Atualmente, a proposta de proficiência simplesmente aprova ou reprova o aluno, sem orientar os reprovados sobre quais os aspectos em que foram avaliados positivamente e em quais devem melhorar. O aluno reprovado fica sempre com apenas duas opções: ou matricula-se novamente no exame de proficiência, ou cursa as três disciplinas alternativas de Língua Portuguesa. Entretanto, o exame pode cumprir função semelhante à dos testes de avaliação da produção escrita exigidos para ingresso nas universidades norte-americanas: classificar o aluno por nível, indicando-lhe se é proficiente ou se deve cursar uma, duas ou três disciplinas.

É óbvio que sempre continuará sendo oferecida, ao aluno, a oportunidade de realizar o exame novamente.

Assim sendo, propõe-se a permanência do exame de proficiência valendo dois créditos na carga curricular geral, além de três disciplinas de Língua Portuguesa que não contêm créditos acadêmicos, mas possam ser aproveitadas como atividades complementares.

5.8. Acompanhamento pedagógico e sistema de avaliação do curso

A avaliação constitui-se como elemento primordial em todo e qualquer processo de ensino-aprendizagem. Nos últimos cinco anos, em razão dos mecanismos de avaliação da qualidade dos cursos de Direito instituídos pelo Ministério da Educação, especialmente o ENC, as avaliações passaram a ter um lugar de destaque nos projetos político-pedagógicos dos cursos superiores avaliados anualmente.

Os modernos sistemas de avaliação encerram um acompanhamento multidirecionado no sentido de abarcar todas as instâncias envolvidas no processo de ensino aprendizagem. Seguindo esta diretriz, entendemos que não só o corpo discente, mas também o corpo docente, assim como o curso em sua totalidade e a sua inserção na Instituição e na comunidade devem, também, ser alvos desse processo.

O acompanhamento continuado e sistemático do trabalho docente deve incluir, além da auto-avaliação, o compromisso com as diretrizes e propostas do Curso de Direito. Assim, são critérios referenciais de qualidade para o professor:

- o domínio adequado dos conteúdos;
- a sua permanente atualização;
- o uso de metodologias adequadas e variadas no exercício do magistério superior;
- a participação nas atividades acadêmicas;
- a manutenção de uma postura pedagógica do professor/orientador/educador/pesquisador criativa e aberta a novos e continuados conhecimentos;
- o cumprimento dos objetivos previstos como condição mínima de harmonização curricular;

- o cumprimento do plano de ensino; e
- o necessário comprometimento do corpo docente nas atividades pedagógicas dos educandos.

A atenção continuada do trabalho discente, diagnosticando as potencialidades do aluno em âmbitos que ultrapassem o da prova escrita, sem dúvida contribui para o aprimoramento e qualificação do processo de avaliação das condições acadêmicas do universitário, bem como oferece melhores condições para a monitoração da progressão do perfil desejado para o curso.

Por outro lado, o diagnóstico avalia o processo onde o aluno está inserido, devendo o professor propor medidas preventivas e corretivas no sentido de desenvolver a consciência crítica e tolerante às mudanças e diferenças. Dessa forma, a avaliação do próprio currículo não estará desvinculada do processo, mas, em outro sentido, estará retroalimentando o projeto pedagógico em direção ao seu replanejamento, reestruturação e redimensionamento de forma permanente.

5.9. Seminários de engajamento ao projeto para o corpo docente

Permanentemente, após a entrada em vigência desta proposta curricular, deverão ser realizados seminários com a participação do corpo docente, objetivando a introjeção no seu imaginário da nova proposta curricular a ser desenvolvida.

Aliado a esta estratégia, também deverão ser desenvolvidos, permanentemente, cursos de formação e atualização didático-pedagógica com os professores, visando otimizar cada vez mais o espaço da sala de aula, bem como o extraclasse.

5.10. Alternativas didático-pedagógicas a serem implementadas como instrumentos de efetivação da interdisciplinaridade

Os modelos pedagógicos adotados pela grande maioria dos Cursos de Direito, em nosso País, privilegiam uma lógica unidisciplinar e fragmentada, traduzida em padrões curriculares constituídos por disciplinas com pouca ou quase nenhuma integração, havendo, não raro, casos em que as matérias estão totalmente desconectadas umas com as outras e, também, com a complexidade do mundo concreto.

Partindo da concepção do Direito como uma das atividades que envolvem maior universalização de conhecimento, torna-se evidente a necessidade de que, no Curso de Direito, onde o aluno irá obter tais conhecimentos, aconteça o exercício da prática interdisciplinar, caracterizada pela intensidade das trocas entre os educadores e pelo grau de integração real das disciplinas no interior de uma proposta de pesquisa.

O Curso prioriza a formação do profissional generalista, considerando que as habilidades deverão ser estimuladas, ensinadas e desenvolvidas com os alunos, e os conteúdos básicos considerados essenciais para o exercício da profissão sejam pré-requisitos para que o aluno possa continuar seu aprendizado, tendo consciência da necessidade e da importância do auto-aperfeiçoamento.

A prática interdisciplinar almejada para o curso de Direito visa uma reflexão aprofundada, crítica e edificante sobre o funcionamento do ensino, podendo ser considerada:

1) como caminho para alcançar uma formação geral mais significativa, pois a prática interdisciplinar pode propiciar determinada relação entre o vivido e o estudado no Curso;
2) como meio de conseguir melhor formação profissional, uma vez que oportuniza o surgimento de novos campos de conhecimentos e até novas e possíveis descobertas;
3) como estímulo à formação de pesquisadores e de pesquisas, pois o verdadeiro objetivo das investigações interdisciplinares é reconstituir a unidade dos objetos que a fragmentação dos métodos separa;
4) como condição para uma educação permanente, pois a prática permitirá a troca contínua de experiência entre educadores e educandos; e
5) como superação da separação ensino das disciplinas entre si e entre o ensino e a pesquisa, que permitirá uma verdadeira aprendizagem, a visão do conteúdo como um todo.

Com a rapidez do desenvolvimento tecnológico atual, que impossibilita a concretização da sistematização que a Escola requer, não é pretendido, no Curso de Direito da UNISINOS, adotar a opção somente da inclusão de novas disciplinas ao currículo, objetiva-se historiar e contextualizar os conteúdos, resignificando-os através de uma prática dialógica do relacionamento desses conteúdos. Acredita-se conseguir chegar ao objetivo almejado, transpondo barreiras entre as disciplinas, alcançando o respeito, a verdade e a relatividade existente entre cada uma delas; esclarecendo o real significado do projeto interdisciplinar, além de conduzir o profissional a vencer o medo de perder o prestígio pessoal para que assim possa ser formada uma equipe especializada que parta em busca de uma linguagem comum; praticando o questionamento das formas de desenvolvimento do conteúdo das disciplinas; e, principalmente, realizando um planejamento que possibilite dar um passo para a formação humanista do aluno, formando, assim, verdadeiros juristas, que tenham a visão do seu curso como um todo.

Assim, não basta, para a superação destes modelos pedagógicos e curriculares tradicionais, uma diferenciação conteudística, para que um novo Curso de Direito, sob o aspecto cronológico, possa distanciar-se dos modelos costumeiramente executados em nosso sistema educacional superior, e ser considerado, sob o aspecto qualitativo, um curso sintonizado com os problemas e demandas de nosso tempo, tanto sob o aspecto do Direito quanto da Educação. Também são necessárias uma série de inovações metodológicas que otimizem a realização de atividades por parte tanto de alunos quanto de professores, e que possibilitem a efetiva interdisciplinaridade. Com este objetivo, todos os agentes envolvidos no processo de implementação permanente do Curso de Direito da UNISINOS deverão, de uma forma ou de outra, dar conta das seguintes alternativas didático-pedagógicas que caracterizam o modelo de ensino a ser implantado, além das já tradicionalmente conhecidas e executadas secularmente:

a) Pesquisas Coletivas, consistentes em uma pesquisa nuclear, que canalize as preocupações dos diferentes pesquisadores, e pesquisas satélites, onde cada um possa ter o seu pensar individual e solitário;

b) "Laboratório do Conhecimento", constituído como um espaço que abrigará atividades como: questionamentos sobre o conteúdo das disciplinas; estabelecer relações entre as mesmas e entre estas e a vivência cotidiana; contextualizar o conhecimento aprendido; dar vazão à criatividade, como, por exemplo, produzindo ensaios. Neste laboratório, o professor é um orientador, jamais dando respostas prontas ou servindo de arquivo para o repositório de dúvidas dos alunos;

c) desenvolvimento de Trabalhos em Parceria, tanto com IES nacionais quanto com estrangeiras, além de outras instituições cuja atuação venha a complementar a formação do aluno;

d) utilização de Simulações como recursos didáticos: são estratégias que procuram simular algum aspecto da realidade, colocando o aluno bem próximo às situações de vida, possibilitando um retorno imediato acerca das conseqüências, atitudes e decisões. No ensino superior, as simulações têm como objetivo principal o desenvolvimento de atitudes dos alunos e, secundariamente, os seguintes objetivos:

- estimular a reflexão acerca de determinado problema;
- promover um clima de descontração entre os alunos;
- favorecer o autoconhecimento;
- desenvolver empatia;
- analisar situações de conflito;
- desenvolver atitudes específicas;
- desenvolver habilidades específicas.

e) incentivo ao Estudo Independente, através de instrumentos de *E-learning*, com uma metodologia centrada no estudante. Este tipo de ensino apresenta as seguintes características:

- respeito ao ritmo de aprendizagem de cada aluno;
- individualização da avaliação;
- propicia formas alternativas de instrução e conteúdo;
- delega ao estudante maior responsabilidade por sua aprendizagem;
- propicia maior autonomia intelectual;
- facilita ao estudante a aquisição de maior confiança em seus recursos e o alcance de certas metas, que não atingiria em outras situações.

f) estímulo ao uso de Metodologias de Ensino Baseadas na Interação. São muitos os métodos baseados na interação, entre eles: a discussão; o Phillips 66 e 22; o debate; a mesa redonda; o seminário; o simpósio; o painel; o diálogo, a entrevista; o *Role Playing* (desempenho de papéis); o estudo de casos e o *Brainstorm* (tempestade cerebral).

g) implementação, em algumas áreas, da Metodologia do Aprendizado Baseado em Problemas, com o estudo centrado em *cases reais*.

h) promoção de uma Análise Conjunta dos Objetivos a serem atingidos por cada uma das disciplinas do curso, e nortear o programa das mesmas a partir destes objetivos.

i) estabelecimento de um Programa de Integração dos professores e alunos com a realidade da profissão e necessidades do mercado, bem como com os avanços tecnólogicos e científicos e, ainda, com as tendências futuras para a área.

j) Avaliações Participativas Periódicas, como forma de detectar a falta de interdisciplinaridade em cada uma das práticas do ensino, bem como de demonstrar avaliar quais as melhorias trazidas pela interdisciplinaridade.

Anexo – Ementário das disciplinas

Disciplina: 40021 – Introdução ao Estudo do Direito

O estudo do fenômeno jurídico e suas relações com a ética, enfocando os fins do Direito e as principais correntes doutrinárias acerca de sua delimitação.

Disciplina: 40022 – Ciência Política

Iniciação do acadêmico no estudo da política como setor da atividade humana que guia a sociedade, convertendo preferências individuais em decisões coletivas, através do poder. Percepção das implicações do Estado na formação da cidadania.

Disciplina: 40026 – História do Direito

A disciplina de História do Direito tem como proposta ser uma reflexão histórica do surgimento, formação e evolução do direito, e de sua identidade através das diversas instituições sociais e políticas surgidas desde sua origem até nossos dias, com ênfase especial àqueles povos que mais contribuíram para as instituições jurídicas que hoje disciplinam o convívio social do homem em sociedade.

Disciplina: 10221 – Metodologia da Pesquisa

Investigação das relações entre conhecimento, ciência e filosofia e as possibilidades da razão, divisando a dinâmica entre a demarcação das fronteiras epistemológicas e a crise de paradigmas, e tratando de modo mais específico da cientificidade do Direito e dos temas pertinentes ao método, à lógica, à teoria da argumentação e à elaboração de trabalhos científicos.

Disciplina: 10222 – Antropologia e Direito

Reflexão crítica sobre o humano enquanto realidade múltipla; a relação do humano com o mundo físico e biológico: questões fundamentais de ecologia humana e antropologia biológica (a evolução humana e os desafios de uma visão ecossistêmica). A função da imaginação criadora e da razão ordenadora, e a importância da linguagem, do conhecimento e da tecnologia; o universo sóciocultural, político (e jurídico) e suas ambigüidades; os constitutivos essenciais da pessoa como a transcendência, a liberdade e a dimensão ética (a questão dos direitos humanos); as condições antropológicas da sociedade atual em relação à saúde das pessoas, dos espaços sociais e da relação com o mundo; o humano e a cultura do Direito: o sentido social e antropológico do ordenamento jurídico e os desafios humanos em relação à prática do Direito.

Disciplina: 30205 – Exame de Proficiência em Língua Portuguesa I

Modo de organização narrativo: estrutura e articulação com a descrição e a argumentação. Discurso direto e indireto. Emprego dos tempos verbais em narrativas. Resumo de textos narrativos. Recursos para estabelecimento de relações de correferência. Estrutura da frase: termos da oração; período simples e período composto. Padrões frasais. Emprego dos sinais de pontuação

Disciplina: 30206 – Exame de Proficiência em Língua Portuguesa II

Compreensão e resumo de textos dissertativos. Macroestrutura textual. Paráfrase. Formas de citação. Flexão verbal: emprego de tempos e modos verbais. Regência verbal e nominal: emprego das preposições e uso do acento indicativo de crase. Emprego do pronome relativo. Concordância verbal e nominal. Colocação pronominal.

Disciplina: 30207 – Exame de Proficiência em Língua Portuguesa III

Modo de organização argumentativo: estrutura e relações com os modos descritivo e narrativo; possibilidades de posicionamento do sujeito argumentador; estratégias e movimentos argumentativos; modos de raciocínio; procedimentos de composição; conexão lógica e pragmática. Polifonia. Pressuposição e inferência. Ambigüidade.

Disciplina: 31095 – Língua Portuguesa I

Modo de organização narrativo: estrutura e articulação com a descrição e a argumentação. Discurso direto e indireto. Emprego dos tempos verbais em narrativas. Resumo de textos narrativos. Recursos para estabelecimento de relações de correferência. Estrutura da frase: termos da oração; período simples e período composto. Padrões frasais. Emprego dos sinais de pontuação.

Disciplina: 40027 – Teoria Geral do Direito

Apresentação de teorias do ordenamento jurídico, com especial ênfase para a teoria das fontes e da norma jurídica, bem como para o tema das lacunas e das antinomias.

Disciplina: 40023 – Teoria da Constituição

Exame da noção de Direito Constitucional e de Constituição, estudando o princípio da supremacia constitucional em sua evolução histórica universal, bem como a análise dos princípios básicos do constitucionalismo hodierno, do teor e desenvolvimento progressivo dos direitos fundamentais, de forma a proporcionar ao aluno os fundamentos doutrinários essenciais à percepção do Direito Constitucional positivado.

Disciplina: 40028 – Direito Penal I

A disciplina preocupa-se com a definição do Direito Penal como ciência dogmático-constitucional, analisando seus principais institutos, interpretando e aplicando Teoria Constitucional da Lei Penal, a partir dos pressupostos de hierarquia e normatividade constitucional estabelecidos pelo paradigma do garantismo jurídico-penal.

Disciplina: 40032 – Direito Civil I

Estudo da Teoria Geral do Direito Privado por meio do exame do processo de juridicização do fato social e, em conseqüência, da análise da relação jurídica, detendo-se no estudo dos sujeitos, dos direitos da personalidade e dos bens, como elementos configuradores desta relação, sob o enfoque social e constitucional.

Disciplina: 40040 – Sociologia Aplicada ao Direito

Relações entre os agentes do Direito e as referências da sociedade; reflexos e conseqüências na formação dos profissionais do Direito. A formação do objeto, o estabelecimento do método e a realização da pesquisa em Sociologia, aplicada ao campo jurídico na especificidade dos instrumentos conceituais e analíticos da Sociologia do Direito.

Disciplina: 31096 – Língua Portuguesa II

Compreensão e resumo de textos dissertativos. Macroestrutura textual. Paráfrase. Formas de citação. Flexão verbal: emprego de tempos e modos verbais. Regência verbal e nominal: emprego das preposições e uso do acento indicativo de crase. Emprego do pronome relativo. Concordância verbal e nominal. Colocação pronominal.

Disciplina: 40041 – Teoria Geral do Processo I

O programa de Teoria Geral do Processo I está elaborado visando a atingir os seguintes objetivos: primeiro, eliminar os pontos que costumam figurar como conteúdo de Teoria Geral e que, na verdade, constituem mais propriamente uma "introdução" do Direito Processual, de caráter enciclopédico, essencialmente informativo, lembrando a antiga disciplina de "Introdução do Direito". Segundo, reduzir o conteúdo da Cadeira a apenas seis pontos básicos, com o duplo propósito de evitar que o programa particularize-se e se torne – ao invés de uma "Teoria Geral do Processo" – uma introdução ao processo (Civil, Penal, Trabalhista); obrigar a que esses seis pontos sejam ministrados com o almejado aprofundamento teórico, de modo que os alunos iniciem-se no estudo do fenômeno processual, capacitando-se a compreendê-lo sob a visão hermenêutica que lhe é peculiar.

Disciplina: 40024 – Direito Constitucional I

Elementos fundamentais do Direito Constitucional vigente com base em uma compreensão acomodada à época da Constituição Brasileira.

Disciplina: 40029 – Direito Penal II

Estudo da ilicitude e culpabilidade. Teoria Constitucional do delito, em busca de uma aplicação humanista dos principais institutos da ilicitude e culpabilidade.

Disciplina: 40033 – Direito Civil II

O estudo do fato jurídico nas relações jurídicas e sociais; as repercussões do fato jurídico contrário a direito, a análise dos planos da existência, validade e eficácia e a influência do tempo nas relações jurídicas.

Disciplina: 40046 – Fundamentos de Filosofia e Hermenêutica Jurídica

As origens da filosofia e sua especificidade. Principais formas de compreender a filosofia e de fazer filosofia: a prioridade do ser ou do objeto, a prioridade do sujeito, a prioridade da linguagem. Principais períodos históricos da filosofia, enfatizando a virada lingüístico-pragmática da filosofia contemporânea e a hermenêutica filosófica. Estudo das principais matrizes filosóficas da hermenêutica, relacionando-as com a especificação da temática no campo jurídico.

Disciplina: 31097 – Língua Portuguesa III

Modo de organização argumentativo: estrutura e relações com os modos descritivo e narrativo; possibilidades de posicionamento do sujeito argumentador; estratégias e movimentos argumentativos; modos de raciocínio; procedimentos de composição; conexão lógica e pragmática. Polifonia. Pressuposição e inferência. Ambigüidade.

Disciplina: 40042 – Teoria Geral do Processo II

O programa de Teoria Geral do Processo II manteve-se fiel aos objetivos colimados na elaboração do programa de Teoria Geral do Processo I, quais sejam: a) evitar que a disciplina se torne uma espécie de Introdução ao Direito Processual, de caráter informativo, no velho estilo do positivismo jurídico; b) com a redução do conteúdo a apenas seis pontos, permitir que a matéria seja aprofundada, em nível capaz de contribuir para a formação crítica, dentro de uma visão hermenêutica do Direito Processual Civil, Penal e Trabalhista.

Disciplina: 40025 – Direito Constitucional II

O Estado brasileiro exige um estudo aprofundado da efetividade da sua Constituição. O texto constitucional de 1988 deve ser compreendido a partir dos desafios do constitucionalismo contemporâneo que se propõe a redefinir as relações entre a Constituição e o Estado no contexto da globalização.

Disciplina: 40030 – Direito Penal III

A disciplina preocupa-se com a concretização da Teoria Constitucional da Norma Penal e do Delito. Analisa os principais tipos penais da lei codificada e das leis especiais e complementares, interpretando e aplicando os princípios constitucionais, a partir de uma visão crítica do processo de descodificação penal e das diferenças entre a criminalidade clássica e a criminalidade contemporânea.

Disciplina: 40034 – Direito Civil III

Esta disciplina tem como escopo a interpretação das normas reguladoras da família nos enfoques parental, protetivo e matrimonial, a partir de uma visão crítica e interdisciplinar, com enfoque especial às inovações implementadas pela Constituição Federal de 1988 e leis posteriores.

Disciplina: 40047 – Direito Internacional Público

A ordem jurídica internacional e o relacionamento desta com todos os ramos do Direito. Aspectos jurídicos dos conflitos internacionais e os meios de resolução.

Disciplina: 40043 – Direito Processual Civil I

Processo de Conhecimento, em sua estrutura elementar, expondo sua natureza, peculiaridades e funções, como procedimento essencialmente ordinário e declaratório. Demanda civil, compreendendo o pedido e a respectiva resposta do demandado. Prova, a partir de uma Teoria Geral da Prova.

Disciplina: 40048 – Direito Processual Penal I

Preocupa-se em estabelecer, desde o paradigma constitucional, os fundamentos do processo penal contemporâneo, introduzindo o aluno na estrutura dos sistemas processuais penais e em sua principiologia estruturante.

Disciplina: 40031 – Direito Penal IV

Estuda a penalogia e as conseqüências jurídicas do crime. Para tanto, partindo da estrutura constitucional que orienta a penalização, fundamentalmente os princípios de humanidade e proporcionalidade, introduz o aluno nos momentos de aplicação e execução da pena.

Disciplina: 40035 – Direito Civil IV

Estudo do Direito das Obrigações: bases históricas, conceituais e dogmáticas para a compreensão do fenômeno obrigacional. Conceitos e institutos vinculados à Teoria Geral das Obrigações, aplicáveis às diversas fontes obrigacionais.

Disciplina: 40057 – Direito Administrativo I

Propõe o estudo do conteúdo e dos princípios que informam o Direito Administrativo brasileiro, em todos os seus aspectos relevantes da Teoria Geral para a compreensão do regime jurídico-administrativo, tendo como pressuposto os postulados do Estado Democrático de Direito.

Disciplina: 40044 – Direito Processual Civil II

Estudo dos recursos no Direito Brasileiro e a tutela de urgência.

Disciplina: 40049 – Direito Processual Penal II

Preocupa-se em dar continuidade aos estudos desenvolvidos em Direito Processual Penal I, tendo como norte o paradigma constitucional, progredindo no estudo dos fundamentos do Direito Processual Penal contemporâneo. Instituições do sistema processual penal brasileiro, especialmente os procedimentos, incidentes, nulidades, sentença e instrumentos processuais de impugnação de decisões.

Disciplina: 40059 – Direito do Trabalho I

Estudo do Direito do Trabalho com relação à realidade social.

Disciplina: 40036 – Direito Civil V

Estudo da Teoria Geral dos Contratos, desenvolvendo seus conceitos gerais, elementos eficaciais. Análise da extinção e revisão, aplicáveis a todos contratos.

Disciplina: 40058 – Direito Administrativo II

Propõe a continuidade do estudo do conteúdo e dos princípios que informam o Direito Administrativo brasileiro, em todos os seus aspectos relevantes da Parte Especial para a compreensão do regime jurídico-administrativo, tendo como pressuposto os postulados do Estado Democrático de Direito.

Disciplina: 40061 – Estágio I

A aplicação prática dos conhecimentos auferidos pelo estudante nas disciplinas tanto direito Processual Civil, quanto de Direito Material. Trata-se de prática simulada, onde o estudante trabalhará com casos previamente disponibilizados.

Disciplina: 40045 – Direito Processual Civil III

A disciplina de Direito Processual Civil III compreende o Processo de Execução, tal como ele vem concebido em nosso CPC, ou seja, a execução obrigacional. Houve, porém, o cuidado de incluir um ponto dedicado ao exame dos novos rumos seguidos pelo "processo executivo", em que se deverá examinar a "crise do processo executivo", indicada pelo doutrina como a causa preponderante para a inefetividade da tutela processual tanto em nosso sistema quanto nos sistemas europeus a que estamos mais diretamente ligados.

Disciplina: 43023 – Direito Processual do Trabalho

Estudo da organização e competência da Justiça do Trabalho com peculiaridades referentes aos dissídios individuais e coletivos como, também, os procedimentos especiais.

Disciplina: 40060 – Direito do Trabalho II

Estudo da relação de emprego, sob o ponto de vista de seus aspectos especiais e de sua extinção. Aspectos do Direito Coletivo do Trabalho.

Disciplina: 40037 – Direito Civil VI

Estudo de diversas espécies de contratos civis e mercantis em suas estruturas, morfologia e funções.

Disciplina: 41056 – Direito Tributário I

A disciplina propõe uma análise integrada do Direito Tributário no contexto jurídico, bem como dos princípios e normas gerais, contidos na Constituição Federal e no Código Tributário Nacional.

Disciplina: 40062 – Estágio II

Fundamentos do processo penal; instrumentalidade garantista. Estudo das condições e fundamentos da investigação criminal, ação penal e procedimentos. Avaliação da estrutura das decisões penais (sentença), suas nulidades e formas de impugnação, através de aulas prático-teóricas, elaboração de peças processuais e assistência de atos processuais.

Disciplina: 40066 – Direito Comercial I

Estudo das questões introdutórias do Direito Comercial, familiarizando o aluno com a terminologia específica, as fontes e o regime jurídico da atividade mercantil. Análise e exame das sociedades comerciais em suas diversas espécies, em especial, as sociedades por cotas de responsabilidade limitada e sociedade por ações.

Disciplina: 40069 – Ética Geral e Profissional

A disciplina aprofunda e sistematiza os constitutivos antropológicos que possibilitam o agir moral e a sua fundamentação. Reflete criticamente sobre as teorias éticas formuladas na história ocidental e as propostas contemporâneas, acentuando a opção fundamental da pessoa, sua dignidade, à luz do paradigma da alteridade. A partir deste referencial, debate problemas concretos referentes ao exercício profissional, refletindo sobre as relações entre a ética e a atividade jurídico-profissional, considerando, pontualmente, as principais atividades dos operadores do Direito, bem como a legislação pertinente.

Disciplina: 40070 – Filosofia do Direito

A disciplina irá abordar as diferentes construções históricas acerca da Justiça e do Direito e as alternativas de reflexão sobre o Direito originadas a partir de cada uma delas.

Disciplina: 40038 – Direito Civil VII

Interpretação das relações de titularidade inseridas dentro do corpo social, buscando construir a funcionalidade dos instrumentos de apropriação.

Disciplina: 41057 – Direito Tributário II

Espécies tributárias na Constituição Federal, processo administrativo tributário no âmbito estadual e federal e processo judicial tributário.

Disciplina: 40063 – Estágio III

Aplicação simulada dos conhecimentos auferidos pelo estudante nas disciplinas tanto de Direito Processual do Trabalho quanto de Direito Processual Civil e Direito do Trabalho. Trata-se de prática simulada, onde o estudante trabalhará com casos previamente disponibilizados. As peças serão elaboradas a partir de uma perspectiva crítica tanto do Direito Processual do Trabalho quanto do Direito do trabalho.

Disciplina: 40067 – Direito Comercial II

Fundamentos constitucionais do Direito Cambial. Questões básicas do Direito Cambial, familiarizando o aluno com os títulos de crédito mais comuns, principalmente a Letra de Câmbio, Nota Promissória, Cheque e Duplicata, e com o trato das obrigações deles decorrentes.

Disciplina: 42056 – Direito da Propriedade Intelectual

Conceituação e evolução dos principais componentes do Direito da Propriedade Intelectual (direito do autor, direito do inventor, marcas, sinais de propaganda e repressão ao abuso do poder econômico). Atualidade e importância desse ramo do Direito para a cultura e progresso técnico de um país.

Disciplina: 40039 – Direito Civil VIII

Interpretação e interação entre os sistemas de direitos reais em coisas alheias, bem como o modo de apropriação decorrente da morte do sujeito de direito.

Disciplina: 10223 – Direitos Humanos e Democracia na América Latina

Democracia e direitos humanos ao longo da história e no contexto latino-americano atual.

Disciplina: 40071 – Trabalho de Conclusão I

Primeira etapa de pesquisa em vistas da elaboração do Trabalho de Conclusão de Curso, consistindo na aprovação de um Plano de Trabalho e realização das primeiras etapas do cronograma, sob orientação e supervisão do professor, procurando-se desenvolver uma reflexão sobre um tema escolhido que expresse os aspectos ético, teórico e metodológico da formação profissional.

Disciplina: 40064 – Estágio IV

Solução de casos concretos pelos alunos a partir dos atendimentos reais à comunidade a serem realizados junto ao Núcleo de Prática Jurídica.

Disciplina: 41016 – Direito Internacional Privado

Estudo do objeto do Direito Internacional Privado e sua diferenciação do Direito Internacional Público.

Estudo das normas de conflito de leis no espaço, os tópicos relativos a fontes, método, qualificação, elementos de conexão, exceções à aplicação do direito estrangeiro e reenvio.

Estudo do Direito Civil, Comercial, Fiscal, Processual, Trabalhista Internacional e o estatuto do estrangeiro, pessoa física e jurídica, no Brasil.

Disciplina: 40068 – Direito Comercial III

Aborda questões que envolvem os pressupostos da recuperação judicial em falência; condições, formação e reabilitação da massa falida e crimes falimentares com análise do direito material e o enfrentamento da problemática processual.

Disciplina: 40072 – Trabalho de Conclusão II

Segunda etapa de pesquisa em vistas da elaboração do Trabalho de Conclusão de Curso, consistindo da redação e posterior revisão do texto conjuntamente com o professor orientador.

Disciplina: 40065 – Estágio V

Solução de casos concretos pelos alunos a partir dos atendimentos reais à comunidade a serem realizados junto ao Núcleo de Prática Jurídica.

Disciplina: 40088 – Economia e Finanças Públicas

O estudo da ordem econômica na Constituição Federal, notadamente no que tange a intervenção do Estado no sentido de concretizar os objetivos fundamentais formalmente postos pela Carta de 1988, mediante, principalmente, a utilização dos tributos como instrumentos para tanto. Neste estudo serão considerados aspectos tributários da ordem econômica nacional, bem como serão abordados aspectos relativos ao orçamento e repartição de receitas públicas na Constituição Federal e a responsabilidade fiscal dos administradores públicos.

Disciplina: 41025 – Direito Previdenciário

Análise da Previdência Social, destacando o seu conceito e evolução, bem como a relação jurídica decorrente do fenômeno político-jurídico em que consiste a Previdência Social.

Disciplina: 41027 – Direito Coletivo do Trabalho

Estudo das relações coletivas de trabalho, destacando a temática sindical com enfoque na evolução do sindicato, liberdade, autonomia, organização e legislação sindical, e análise do dissídio coletivo do trabalho.

Disciplina: 40073 – Sociologia Política

A interação política, como produto da cultura ocidental. As relações entre Estado, Direito e política, bem como a formação e os fundamentos do pensamento político moderno, a partir da revisão de suas bases históricas, explicitando os dilemas das formas do Estado contemporâneo, da democracia e da representação política diante da busca de efetivação dos Direitos Fundamentais.

Disciplina: 40074 – Tópicos de Filosofia do Direito

Os fundamentos teóricos que sustentam o conceito de Estado Democrático de Direito, com ênfase para a Constituição e seu papel hermenêutico e axiológico (segurança e justiça).

Disciplina: 40075 – Direito, Complexidade e Risco

Introdução à problemática das relações entre Direito, complexidade e risco, a partir de uma perspectiva sociológica.

Disciplina: 40076 – Fenomenologia e Hermenêutica

Estudo da fenomenologia como Ciência Originária, na qual aparece a questão do Ser como condição de possibilidade de construção do fenômeno jurídico, analisando-se a importância do círculo hermenêutico e o debate sobre a tradição metafísica atrelada a uma concepção sujeito-objeto, bem como um estudo da hermenêutica jurídica como condição de ser-no-mundo.

Disciplina: 40077 – Bioética e Biodireito

O estudo sobre a Bioética e as implicações jurídico-normativas da utilização das modernas biotecnologias sobre o ser humano e o meio ambiente, como forma de evitar o domínio técnico-científico, em oposição aos valores que alicerçam a formação de uma sociedade livre, que distribua, com justiça, os benefícios oferecidos pelos avanços da medicina moderna.

Disciplina: 41037 – Direito Ambiental

Estudo da Ecologia. A constitucionalização do Direito ao ambiente ecologicamente equilibrado. Os instrumentos de tutela do meio ambiente.

Disciplina: 42061 – Direito do Consumidor

O Direito do Consumidor no contexto da sociedade de massas. Os reflexos da massificação social nas concepções de sujeito de direito, de igualdade jurídica e na necessidade de intervenção jurídica. A proteção jurídica ao consumidor, no âmbito civil, administrativo, criminal e processual.

Disciplina: 40078 – Criminologia e Política Criminal

A disciplina de Criminologia e Política Criminal terá como objeto de estudo as várias hipóteses de violência (física, institucional, simbólica, etc.) e as atuais tendências e correntes deste campo de saber, inserindo o aluno na perspectiva do paradigma da reação social e abrindo espaço para a discussão contemporânea.

Disciplina: 40079 – Epistemologia Jurídico-Penal

Os conteúdos a serem desenvolvidos na disciplina de Epistemologia Jurídico-Penal referem-se basicamente aos modelos sistemáticos construídos pelo racionalismo penal para o enfrentamento do fenômeno do crime, bem como aos valores que perpassam e devem perpassar estes modelos.

Disciplina: 43060 – Medicina Legal

Os conteúdos desta disciplina envolverão basicamente o indivíduo e a violência social, incluindo os aspectos relacionados com o dano físico causado ao ser humano, suas diferentes formas, seus aspectos jurídicos, suas conseqüências, além de abordar o estudo da morte e seus fenômenos. Todo este conteúdo é apresentado dentro de um contexto pericial, colocando os conhecimentos da medicina a serviço do Direito. Analisa, ainda, os eventos epidemiológicos relacionados com a violência e o papel dos órgãos periciais no esclarecimento da justiça. Avança, ainda, na análise dos aspectos jurídicos, éticos e sociais envolvendo a Medicina e as novas tecnologias em saúde, destacando os aspectos bioéticos dos novos progressos da ciência e suas conseqüências sobre o Direito.

Disciplina: 40080 – Mediação e Arbitragem

A solução de conflitos pelo Estado frente à complexidade do mundo contemporâneo. Os tipos de direito e interesses envolvidos nos diferentes conflitos. As formas de solução dos conflitos diversas das realizadas pelo Estado.

Disciplina: 40005 – Ações Constitucionais

Os instrumentos processuais constitucionais de proteção dos direitos fundamentais tanto individuais quanto coletivos ou comunitários.

Disciplina: 40081 – Procedimentos Especiais Cíveis

Os procedimentos especiais previstos no Código de Processo Civil e na legislação extravagante.

Disciplina: 40082 – Procedimentos Especiais Penais

Estudo dos principais procedimentos especiais penais previstos pela legislação processual em vigor, a partir do referencial processual garantista.

Disciplina: 42029 – Responsabilidade Civil

A evolução geral da responsabilidade civil, da teoria da culpa até a proteção dos direitos de personalidade. A responsabilidade civil como fator social garantidor da proteção dos direitos, notadamente os fundamentais. Culpa e risco. Os requisitos essenciais da Teoria Clássica da Culpa e da Teoria da Responsabilidade sem Culpa e sua aplicação ao caso concreto. O dano e sua liquidação.

Disciplina: 40083 – Direito Agrário

O direito de acesso à terra, como fonte de vida para todas as pessoas. A terra como objeto de direito. Terra rural e terra urbana. Bens de produção e bens de uso. Importância do valor de troca e do valor de uso da terra. Causas, tratamento jurídico e soluções propostas aos conflitos em torno da propriedade e da posse agrárias. O Direito Agrário como fator de mediação entre as necessidades humanas de alimentação e a produção rural.

Disciplina: 42059 – Direito do Autor

Conceituação e evolução dos principais componentes do Direito do Autor. As questões relativas ao registro; da transmissão por rádio, televisão e satélite; da reprografia; da pirataria, da gestão coletiva, dos contratos, do programa de computador, da OMPI e das convenções internacionais.

Disciplina: 40084 – Direito Imobiliário

Estudo das normas reguladoras dos principais institutos relacionados com a propriedade imobiliária, com enfoque especial no condomínio edilício e na legislação relativa à locação.

Disciplina: 40085 – Direito da Integração

Estudo dos aspectos históricos da integração regional, semelhanças e diferenças na formação e conformação de blocos econômicos atuais.

Estudo dos processos integracionistas nos continentes americano e europeu.

Estudo dos aspectos jurídicos da integração regional entre Argentina, Brasil, Paraguai e Uruguai no âmbito do MERCOSUL.

Disciplina: 40086 – Direito das Relações Internacionais

A disciplina propõe-se a realizar uma análise crítica e interdisciplinar das relações internacionais contemporâneas, das organizações internacionais cujas atribuições principais estejam voltadas a soluções de conflitos internacionais, bem como das formas de solução de conflitos desta natureza.

Disciplina: 40087 – Direito do Comércio Internacional

Os princípios do Direito Internacional aplicáveis ao comércio internacional. Os principais institutos de Direito do Comércio Internacional e os reflexos jurídicos de sua aplicação, como regulador das relações comerciais internacionais.

Impressão:
Evangraf
Rua Waldomiro Schapke, 77 - P. Alegre, RS
Fone: (51) 3336.2466 - Fax: (51) 3336.0422
E-mail: evangraf.adm@terra.com.br